海洋の日本古代史

関 裕二
Seki Yuji

PHP新書

はじめに

日本人はただの稲作民族ではない。海に囲まれ、海に飛び出し、海を活用した稲作民族だ。海人《あま》や水人《すいじん》（海の民、川の民。彼らは稲作の普及にも尽力している）のネットワークは、民族や民俗を形成する重要な要素だった。海の幸も豊富で、古代日本（倭《わ》）の漁撈民《ぎょろうみん》の技術力の高さは、東アジアに知れ渡っていた。

湿地帯（葦原中国《あしはらのなかつくに》）が広がり、急な流れの川が走る島には道らしい道もなかったから、長い間水運（水上交通）が重宝されてきた。そして、海に囲まれていたから、外敵から身を守ることができた。日本の歴史は、「海」や「海人」を見なければ、解けてこない。

それにもかかわらず、「海と海人の古代史」は、これまでほとんど注目されてこなかった。海人の活躍を知ることで、日本人の正体と歴史の真相が解けてくる。海外との交流を視野に入れなければ、ヤマト建国の意味や日本人の正体もわかってこない。

そして、ここが大切なのだが、古代日本は渡来人に征服されることはなかったし、海の古代史を探っていけば、「渡来人征服説」には、大きな疑念が浮かびあがってくるのである。

また、日本は大海に浮かぶ孤島だから、独自の文化が花開いている。かつては、日本の文化のほとんどが、大陸や朝鮮半島からもたらされたものと信じられてきた。しかし、考古学はこのような常識を、次々と覆《くつがえ》すようになった。

日本文明は、けっして中国文明の亜流《ありゅう》ではなかったこともわかってきた。

中国文明は世界最古で最長だ。他の文明が次々と滅びていく中、しぶとく生き残り、今も脅威であることに変わりはない。そんな中国文明に隣接する日本は、古代から「文明そのものを恐れ、進歩を拒《こば》んでいたのではないか」と思える節《ふし》がある。中国文明が、反面教師になっていたとしか思えない。

冶金《やきん》技術が富と文明を生み、文明はさらに新しい技術を磨き、その富を狙って、異民族が流入し、さらに武器は発達し、文明は発展し、次の段階に移っていく……。中国文明が衰退と隆盛《りゅうせい》をくり返し得たのは、この悪夢のような循環が起きていたからで、そこから命からがら逃れて来た人びとがたどり着いた地が、日本列島だった。彼ら渡来人たちは日本を征服しようなどとは思っていなかっただろうし、「容赦《ようしゃ》ない中国文明」の様子を、列島人に吹聴《ふいちょう》したことだろう。

もちろん、日本列島から盛んに朝鮮半島や中国大陸に渡って交易していた海人たちも、中国や朝鮮半島でくり広げられた凄惨《せいさん》な闘争劇を知っていただろう。だからこそ、日本列島人は、中国の「よいところだけ」を吸収しようと考えたのだろう。縄文人《じょうもんじん》がなかなか稲作を受け付けようとしなかった理由も、このあたりに隠されているのではあるまいか。

人類が戦争を始めたきっかけは、農耕だったと考えられている（『農業は人類の原罪である　進化論の現在』コリン・タッジ　新潮社）。縄文人たちは稲作や農耕を狂気とみなしていたかもしれない。ここに、日本人を知るための鍵が隠されていると思うし、だからこそ、「倭の海人（海の民）」の活躍と交流の歴史を知りたくなるのである。

日本列島人は、中国を模倣していない。日本文明は、中国文明の亜流ではなかった。それを可能にしたのは、日本が極東の島国だったからだ。そして、大陸の惨状や情報を日本に伝えたのは、渡来人と優秀な倭の海人たちであろう。海人の卓越した航海術と彼我《ひが》の交流、そして、海人のネットワークが、日本文化の基層に横たわっていたのだ。

不思議な国日本の成り立ちを、「海と海人の活躍」「東アジアとの交流」という視点で、見つめ直してみたい。

アメリカと中国の間で揺れ動く現代日本の進路を知るためにも、海と海人の古代史は必須《ひっす》である。

海洋の日本古代史

目次

第2章 倭の海人はどこからやってきたのか

敗れて来る日本海の鬼がヤマトの王に立てられた？

第3章 なぜ日本列島は侵略されなかったのか

中国王朝や朝鮮半島とのかかわり

日本は征服されたのか
なぜ中国文明は日本を飲み込もうとしなかったのか
倭人の王の外交デビュー
邪馬台国の戦略
四〜五世紀の高句麗の動向
中央集権化していくヤマト政権
遣唐使と律令制度
海で遭難しない海人の知恵と技術

日本近海は世界有数の難所

遣唐使の航路から見えてくるもの

なぜ遣唐使船は沈んだのか
強引な中大兄皇子の遷都と孝徳天皇の打った最後の一手
高向玄理と金春秋のつながり
遣唐使船をめぐるいくつもの不思議なこと
高向玄理と武烈王の絆を恐れた百済？
唐・新羅同盟とつながろうとした孝徳天皇
大船団が日本を襲うことは可能だった
なぜ日本列島は侵略されなかったのか

―――――――――――――― 128

第4章　ユーラシア大陸と対峙する海洋文明の国・日本

第1章

日本は海人の国

ヤマト王家と海人のつながり

日本には道がなかった?

太古の渡来人が日本列島に上陸していちばん驚いたのは、「歩く道がない」ということではなかったか。

いや、「つい最近」まで、日本列島の道は、狭く細かった。昭和四十年(一九六五)代の起伏に富んだ伊豆《いず》半島(静岡県)を思い浮かべればすぐにわかることだ。西伊豆に出るには、沼津《ぬまづ》から船が便利だった。バス便もあったが、未舗装の砂利道で、高低差が激しく「カーブ」も多い、ガードレールもないにわか造りの危険な道だった。戦中、戦前まで、伊豆半島の人びとは、隣村に船で移動していただろう。その方が便利で、峠《とうげ》をわざわざ越える必要もない。

「魏志倭人伝《ぎしわじんでん》」は対馬《つしま》(長崎県)に関して、「土地は険《けわ》しく、森が深い。道は獣道《けものみち》のようだ」と記録している。また、良田《りょうでん》がなく海産物を食べて自活し、船に乗って南北に往《ゆ》き来《き》し、市《し》

対馬の中央に広がる浅茅（あそう）湾

糴《てき》（交易）をしているとある。「道は（獣道のように）狭い」というが、実際に対馬に行ってみればわかる。ここも伊豆半島と同じように、平坦な土地がなく、海からすぐ崖《がけ》になる。隣村に行くのに、峠を越えて行かなければならない。船で移動した方が楽なのだ。

ちなみに、「魏志倭人伝」は魏の使者がこのあと、九州島に上陸し、末盧国《まつらこく》（佐賀県唐津《からつ》市周辺）から伊都国《いとこく》（福岡県糸島《いとしま》市と福岡市西区の旧怡土《いと》郡《ぐん》）に向かったと記すが、まず末盧国に関して、

「山海に張り付くように暮らしている。草木が茂っていて、歩くと前の人の姿が見えないほどだ。好んで魚類を捕らえるが、みな海に潜《もぐ》って漁をする」

とあり、海人の習俗《しゅうぞく》を描《えが》いている。また、

「藪《やぶ》のような道を進む」と記していることは無視できない。魏の使者は日本の「道路事情」に驚いただろう。

土地の高低差だけではなく、湿地帯も歩きにくい（歩けない）。たとえば広大な関東平野でも、水路が利用された。霞ケ浦《かすみがうら》（茨城県南東部）や印旛沼《いんばぬま》（千葉県北部）の周辺は今よりも広大な湖沼《こしょう》で、通行するには船で移動した方が便利だったのだ。

たとえば明治時代、千葉県北西部に鉄道が敷かれた時（現在の常磐線《じょうばんせん》）、流山《ながれやま》（新選組局長、近藤勇《こんどういさみ》が捕まった場所）を通す予定だったが、住民に反対されて、やむなく人口の少ない東葛《とうかつ》地域（今は柏市《かしわし》）を経由《けいゆ》することになった。この時、流山では、利根川《とねがわ》と江戸川《えどがわ》を結ぶ運河を建設し、北関東の物流の拠点にしようと考えていたのだ。

江戸時代、東北地方から江戸への荷物は、銚子《ちょうし》まで船で運ばれ、利根川をさかのぼり、関宿《せきやど》（千葉県野田市関宿町）で江戸川に移り、ここから一気に江戸に下り、届けられていた。流山の人びとはその利根川から江戸川に抜けるショートカットの運河を造り、新たな動脈にしようと目論《もくろ》んだのだ。しかし、鉄道の時代が到来し、銚子から東京をつなぐ鉄路も出現し、流山の運河は無用の長物と化してしまった。

多くの文書に倭の海人の話が出てくる

縄文時代の温暖期に海面は上昇し、海岸線は埼玉県のさいたま市や栃木県の宇都宮《うつのみや》市の南側まで迫っていた（いわゆる縄文海進《じょうもんかいしん》）。だから、関東の縄文人は、沿岸部で貝を採取し、それを加工して（おそらく干《ほ》し貝）、内陸部に船でもちこんだのだろう。京浜《けいひん》東北線（縄文時代は海の底だった。西側が崖になっている）に沿って巨大な貝塚が見つかっている。それが、中里《なかざと》遺跡（東京都北区上中里）や大森《おおもり》貝塚（同品川区と大田区の境）である。

中国の「南船北馬」は有名だが、日本列島の場合、しだいに「西の水運、東の陸運」「西の水軍、東の騎馬軍団」に分けられるようになった。しかし、これは比較の問題であって、東の水運は近世に至っても重宝されていたのだ。

日本列島で道の整備が本格的に始まったのは、天武《てんむ》天皇の時代（七世紀の後半）のことだった。律令《りつりょう》整備の過程で、税を都《みやこ》に運ぶために、道が必要になったのだ。しかし、せっかく造られた広大な道路も、やがて使われなくなって埋もれてしまった。重い荷物を運ぶには、船の方が楽だったからだろうか。日本列島の流通は、水運を無視していては、理解できないのである。

日本と中国の文書には、倭の海人の話が至る場面で登場する。たとえば、『肥前国風土記《ひのみちのくにのふどき》』松浦郡値嘉郷条《まつらのこおりちかのさとじょう》に興味深い記事が載る。「値嘉郷」は、現在の五島《ごとう》列島（長崎県）を指している。

昔、第十二代景行《けいこう》天皇が巡幸した時、志式嶋《ししきしま》（長崎県の平戸島《ひらどしま》）の行宮《あんぐう》から西の方角の海中に島があるのを見つけた。島は八十ほどあり、その中の二つの島に土蜘蛛《つちぐも》（土着の先住民）が住んでいることを確認した。また船を停泊させる場所が二カ所あり、それぞれに二十艘《そう》の小船、十艘の大きな船を停泊することができた。遣唐使《けんとうし》はこの港から旅立った。この島の白水郎《あま》（海人）は、馬や牛をたくさん飼っている。また容姿が隼人《はやと》（南部九州の人）に似ていて、つねに騎射《うまゆみ》を好み、その言葉は俗人《ぞくじん》（肥前国《ひぜんのくに》の人びと）とは異なっている。

九州の西海岸から北西部にかけて、つまり五島列島の周辺は、海人の楽園だった。五島列島の人が南部九州の隼人（こちらも海人）とよく似ていたというのは、往き来があったからだろう。それから、馬に乗って矢を射たと聞くと、不思議に思えてくるが、これには、理由があった。海人は馬を必要としたのである。

日本の在来種の馬がみな小振りなのは、馬を船に乗せて運んだからだ。陸に上がれば、川を遡上《そじょう》するために、馬に船を曳《ひ》かせたのだ。

このように、古代の流通は、海人の活躍に負《お》うところが大きかったのである。

「魏志倭人伝」の邪馬台国《やまたいこく》までの行程《こうてい》をめぐる記事に、海人の文身《ぶんしん》（入《い》れ墨《ずみ》）の話が出てくる。

男たちは大人も子供も体と顔に入れ墨をしているとある（黥面《げいめん》文身）。夏《か》王朝の少康《しょうこう》の子は、会稽《かいけい》に封《ふう》ぜられる（王にされる）と、断髪《だんぱつ》文身して、蛟龍《こうりゅう》の害を避けた（大蛇《だいじゃ》から身を守った）。今、倭の水人（海人）が好んで沈没《ちんぼつ》して魚蛤《ぎょこう》を捕らえ、文身するのも、大きな魚（サメか？）や水鳥を威嚇《いかく》するためだ。のちに文身は、しだいに飾りとなり、人それぞれが違っていて、また、身分によっても異なっている……。

このように、倭人の男性がみな文身していること、それは、海人の習俗だったことが明記されている。「魏志倭人伝」の記事だけを見ていると、倭人がみな海人ではないかと思えてくるほどだ。

ヤマト建国と海人の活躍

日本の歴史に、海人は深くかかわっている。たとえば、神話やヤマト建国にも、海人が登場してくる。天津彦彦火瓊瓊杵尊《あまつひこひこほのににぎのみこと》の天孫降臨《てんそんこうりん》神話といえば、高千穂《たかちほ》（宮崎県と鹿児島県の県境の高千穂峰《たかちほのたけ》と宮崎県西臼杵《にしうすき》郡高千穂町《たかちほちょう》の二説あり）を思い浮かべるが、天上界（高天原《たかまがはら》）から山の頂《いただき》に舞い下りたという設定は「神話そのもの」で、現実の話ではないだろう。問題は、このあと天津彦彦火瓊瓊杵尊がどこに行ったのかなのだ。それが笠狭碕《かささのみさき》（鹿児島県南さつま市笠《かさ》沙町《さちょう》の野間岬《のまみさき》）だった。

野間岬は南西諸島と九州西海岸の多島海、北部九州沿岸部、日本海、朝鮮半島をつなぐ航路の要衝《ようしょう》に位置していた。このルートは、弥生《やよい》時代に「貝の道」となっていて、南西諸島の貝を取り寄せ、加工し、腕輪にして交易品にしていた。その中継基地が、野間岬だった。岬の根元には特徴的な円錐形《えんすいけい》の野間岳《のまだけ》がそびえ、江戸時代に中国の商船は、この山を目印にして日本を目指したという。野間岬は海人の拠点であり、天孫降臨神話は、海人の視点で描かれていると思う。

それどころか、日本の王家も海人と強くつながっている。

天津彦彦火瓊瓊杵尊はこのあと結婚するが、相手は大山祇神《おおやまつみのかみ》の娘・鹿葦津姫《かあしつひめ》（木花之開耶姫《このはなのさくやひめ》）で、大山祇神は「山の精霊《せいれい》（神）」だ。生まれた子が火闌降命《ほのすそりのみこと》と彦火火出見尊《ひこほほでみのみこと》で、海幸彦《うみさちひこ》と山幸彦《やまさちひこ》だ。海幸彦は隼人の祖で、山幸彦は天皇家の祖だが、山幸彦は海神《わたつみ》の宮に赴き、海神の娘・豊玉姫《とよたまひめ》と結ばれ、鵜葺草葺不合命《うがやふきあえずのみこと》が生まれている。

また、鵜葺草葺不合命は豊玉姫の妹の玉依姫《たまよりひめ》（この女神も海神の娘だ）を娶《めと》り、神日本磐余彦尊《かむやまといわれびこのみこと》（神武《じんむ》天皇）が生まれる。つまり、ヤマトの初代王の母と祖母は、海神の娘なのだ。これは、無視できない。ヤマトの初代王は、海の子なのである。

神武天皇は日向《ひむか》（南部九州）で育つが、「東に都にふさわしい土地がある」と、塩土老翁《しおつつのおじ》に教えられ、東征《とうせい》を始める。ここに登場する塩土老翁は、山幸彦を海神の許《もと》に誘った神だが、日本を代表する海の神・住吉大神《すみよしのおおかみ》の別名とされている。やはり、神武天皇には海の神がつきまとっていたことがわかる。神武の説話にかかわる「海」はこれだけではない。

神武天皇がヤマト入りするよりも早く、ヤマトには物部《もののべ》氏の祖のニギハヤヒ（饒速日命《にぎはやひのみこと》）なる人物が舞い下りていたと『日本書紀《にほんしょき》』にはある。問題はニギハヤヒが「天磐船《あまのいわふね》」に乗ってやってきたことで、物部系の歴史書『先代旧事本紀《せんだいくじほんぎ》』には、天磐船の船長以下、乗組員等の名が記載されている。ニギハヤヒは神武以前のヤマトの王で、神日本磐余彦尊に王権を禅《ぜん》譲《じょう》するが、そのニギハヤヒも海と強くつながっている。

神話の舞台に選ばれたのは、天上界と出雲《いずも》と日向だが、出雲と日向のどちらも「海の道」にかかわっていることは、無視できない。

さらに、山幸彦を助けた「海神（綿津見神《わたつみのかみ》）」を祀《まつ》っていたのは阿曇《あづみ》氏で、阿曇氏は日本を代表する海人であるばかりでなく、奴国王《なこくおう》の末裔《まつえい》だった可能性が高い。奴国（福岡県福岡市周辺）といえば、後漢《ごかん》と交渉をもち、金印《きんいん》を授かった弥生時代後期の「倭」を代表する国であり、奴国の発展は、壱岐《いき》、対馬を経由した交易に負うところが大きい。

ヤマトの王家と海人のつながりは、深く、強い。

神話は稲作民族のもの？

長い間、「日本人は稲作民族」と、括《くく》られて考えられてきた。しかし、たとえば、本来「百姓《おおみたから》」は、農民だけを意味していたのではない。

「百姓」の「姓」は、臣《おみ》や連《むらじ》といった「カバネ」のことで、「百姓」は「百（多数）のカバネたち」という意味である。要は、「公民《おおみたから》＝人民《じんみん》」の中には、貴族（豪族）以下、生産者、納税者全般が含まれていたのだ。農業従事者だけではなく、漁業をする者、交易をする者、商売をする者、工人、芸人、みな百姓であり、稲作民だけが百姓だったわけではない。

とはいっても、『日本書紀』の神話は稲作民的な要素で満ちている。たとえば、スサノヲは天上界で罪を犯しているが、それは稲作に対する妨害作業だった。

天照大神《あまてらすおおみかみ》は天狭田《あまのさだ》（最初に造った狭い田）と長田《ながた》（長細い田）を御田《みた》（天照大神ご自身の田）にした。時にスサノヲは、春には重播種子《しきまき》をし（一度種を播《ま》いた田に重ねて種を播くこと）、畦《あぜ》を壊《こわ》し、秋には天斑駒《あまのぶちこま》（斑毛《ぶちげ》の馬）を放《はな》ち、田の中に伏せさせて、作業の邪魔をした。

天照大神が新嘗《にいなめ》（新穀《にへ》を食す神事）をしようとすると、スサノヲは新嘗の神殿に大便をして汚した。そして、天照大神が斎服殿《いみはたどの》で神衣《かむみそ》を織《お》っている最中、天斑駒を逆剝《さかはぎ》にして（呪術《じゆじゆつ》）、神殿の屋根を壊して投げ入れた。天照大神は驚き、機織《はたおり》の梭《ひ》（糸を通すための舟形《ふながた》の機織の道具）で体を傷つけてしまった……（『日本書紀』神代上第七段正文）。

これが、スサノヲの犯した罪で、いわゆる「天罪《あまつつみ》」であり、農作業と密接にかかわりがあったことがわかる。

それにしても、なぜスサノヲは姉の田に狼藉《ろうぜき》を働いたのだろう。『日本書紀』神代同段一書（別伝）第三に、その理由を説明する次の記事がある。

日神《ひのかみ》（天照大神）の田は三カ所あった。天安田《あまのやすだ》（安全で苦労知らずの田）、天平田《あまのひらた》（凹凸《おうとつ》のない田）、天邑幷田《あまのむらあわせだ》（村や集落に近い田？）で、これらはみな良田だった。長雨や日照りが続いても、びくともしなかった。一方、スサノヲの田も三カ所あった。それが、天樴田《あまのくいだ》（木の切り株だらけの田）、天川依田《あまのかわよりだ》（川に近い田。水害に弱い）、天口鋭田《あまのくちとだ》（出水口や排水口の流れの速い田か？）で、痩《や》せた土地だった。雨が降れば流れ、日照りが続けば干上《ひあ》がる。そこでスサノヲは妬《ねた》んで、姉の御田に嫌がらせをした……。

これは、神話の主役・天照大神がスサノヲの乱暴狼藉に辟易《へきえき》する場面で、このあと天照大神は天岩戸《あまのいわと》に隠れてしまう。また、スサノヲは天上界を追放されるのだ。農作業を妨害することがもっとも罪深いことだったと、神話は語っていることになる。ただし、だからといって、日本社会全般が稲作文化的だったのかというと、それは大きな誤解だ。

神話が文字に記された八世紀、律令制度が整い、公民に一律《いちりつ》に口分田《くぶんでん》が支給され、その田の収穫から税を徴収する制度が確立していた。これが、大きな意味をもっていただろう。人びとを土地に縛り付け、効率的に税を徴収しようとするシステムの中で、土地に定着せず放浪する者、交易する民や工人、芸能の民などは、社会の安定を壊す輩《やから》となったのである。

つまり、神話の「天罪」は、律令制度の精神に背《そむ》く行為を指していたわけだ。だから、それは為政者《いせいしゃ》側の（徴税）システム上の都合なのであり、日本人が根っからの稲作民であったと、単純に決めつけることはできないはずである。

海の統治を委ねられたスサノヲ

農作業を妨害したスサノヲが、神話の中で「海の統治」を委《ゆだ》ねられていたことも、無視できない。スサノヲは忘れ去られてしまった海の神なのだが、泉谷康夫はスサノヲが国の主と信じられていた時代もあったと指摘している。泉谷は『日本書紀』神話の天照大神とスサノヲの「誓約《うけい》」の場面に注目している。

スサノヲが大音声《だいおんじょう》をたてて天上界に登ってきた時、天照大神は、「天上界を奪われる」と恐れたが、スサノヲは無実を訴え、「誓約」によって無実を証明しようとした。『日本書紀』

の神話は、多くの異伝を載せるのだが、誓約をめぐる複数の話では、天照大神の名が目まぐるしく変化《へんげ》している。これは大きな謎をはらんでいる。

問題は、天照大神が「日神」という名で登場する場面で、ここで（スサノヲではなく）日神が身につけていた十握剣《とつかのつるぎ》から三女神《みはしらのひめかみ》（宗像三神《むなかたさんしん》）が生まれ、スサノヲがつけていた五百箇御統之瓊《いおつみすまるのたま》から五男神《いつはしらのひこかみ》が生まれている。この五男神の中に、天皇家の祖が交じっていたが、泉谷康夫は、この説話こそ、神話の原型だったと考えた。「日神」は古い太陽神の呼び名だった可能性が高いからである。

泉谷康夫は女神の太陽神・天照大神が編み出される以前、「ヒルコ」と「ヒルメ」が対《つい》の太陽神（日神）で、スサノヲと天照大神は、もともと、このペアの神だったと指摘し、さらに、スサノヲがヒルコとして天皇家の祖神《そしん》を生んだのではないかと推理したのである（『記紀神話伝承の研究』吉川弘文館）。

ちなみに、スサノヲを祀る愛知県津島《つしま》市の津島神社には、次の伝承が残されている。韓国《からくに》からスサノヲの和魂《にぎみたま》が帰朝して（新羅《しらぎ》からスサノヲがやってきた神話は『日本書紀』にある）、対馬に至り、第二十九代欽明《きんめい》天皇の時代（六世紀）、ここにやってきた。そこで「津島（対馬つながり？）」の地名が興《おこ》り、スサノヲは「わが国の本主《ほんしゅ》」だから、津島神社は「日本総社《そうじゃ》」と称するようになったという。

スサノヲがわが国の本主とみなされたのは、日本列島と朝鮮半島を自在に往来し、ヤマト建国に貢献《こうけん》したからだろう。海の統治を委ねられたのは、日本（ヤマト）が「海の王国」だったためだろう。

われわれは海や海人の歴史を見失っていたが、スサノヲは『日本書紀』が意図的に正体を隠してしまったのだと思う。スサノヲは多くの秘密を握っていたため、もう少しスサノヲの話をしておく。

スサノヲと海人の戦略

スサノヲは、稲作とはあまり密ではない。たとえば、『日本書紀』神代上第八段一書第四に、次の話が載る。

スサノヲの（天上界における）所行《しょぎょう》は、乱暴だった。そこで神々は、千座置戸《ちくらおきと》（罪や穢《けが》れを移した人形や呪物を置く台）をもって、スサノヲを追放した（賠償《ばいしょう》を科して追い払った）。この時、スサノヲは子の五十猛神《いたけるのかみ》を率い、新羅国（朝鮮半島東南部）に舞い下りたが、「この地に私はいたくない」とおっしゃって、埴土《はに》（赤土）で船を作り、これに乗って東に渡って出雲国の簸川《ひのかわ》の川上に位置する鳥上峰《とりかみのたけ》に至った……。

ここでスサノヲは八岐大蛇《やまたのおろち》を退治するのだが、『日本書紀』神代同段一書第五には、次の話が載る。

スサノヲは「韓郷《からくに》（朝鮮半島）の島には金銀がある（金属が眠っている）。もし、私の子が治める国（日本）に浮宝《うくたから》（船）がなければ、これはよくない」と述べ、顎《あご》と頬《ほお》のヒゲを抜いて散らすと、スギになった。胸毛を抜いて散らかすと、ヒノキになった。尻の毛はマキ（柀《まき》）になった。眉毛はクスノキになった。これらの用途を定められ、「スギとクスノキは船に、ヒノキは立派な宮殿の材木に、マキは現世の人の墓の棺にするのがよい。さらに食料になる木の実の種は、よく播いて植えた」とおっしゃった。時にスサノヲの子イタケルと妹の大屋《おおや》都比売命《つひめのみこと》、抓津姫命《つまつひめのみこと》の三柱の神も、種を分け、紀伊国《きのくに》に遣《つか》わし播かせた。スサノヲはこのあと、根国《ねのくに》（地下の死者や祖霊の国）に入られた……。

日本には木材が必要だと言っている。交易や漁業のための船（丸木舟《まるきぶね》）を作るには、真っすぐな、なるべく太い木（樹齢《じゅれい》の古い）が求められる。建築資材や冶金の燃料にも木材は欠かせない。

中国大陸や朝鮮半島には、巨木が残っていなかったのだろう。一度の製鉄作業で、ひと山、ふた山の森林が燃料に消えるといわれている。さらに、文明の発展によって、森が失われていたことを、この神話は物語っている。湿潤《しつじゅん》な気候の日本列島は樹木の生長が速い。スサノヲは、この「差」を熟知していたのだろう。日本が生き残るには、「深い森」が必要と、見抜いていたのである。

朝鮮半島や中国から、先進の文物《ぶんぶつ》が古代の日本列島に大量に流れ込んだ。これは「施し」ではなかったはずだから、逆に日本列島から朝鮮半島や中国にもたらされた「何か」があったはずなのだ。先方も「それが欲しくてたまらない」から、先進の文物を日本にもたらしたわけだ。

いちばん説得力をもっているのは、硬玉《こうぎょく》ヒスイ（新潟県糸魚川《いといがわ》産）なのだが（実物が朝鮮半島に残っている）、それだけではなかったはずだ。

すでに指摘されていることかもしれないが、木材（燃料）という資源を豊富に所持し、海に囲まれた日本列島の特産品のひとつは、「塩」だったのではないかと思い至る。縄文土器の中に、製塩《せいえん》土器が見つかっていて、おそらく海岸部の縄文人は、塩を交易品にしていたのだろう。製塩もまた大量の燃料を必要とする。

スサノヲのモデルとなった誰かが、「日本には樹木がなくてはならない」と言ったのか、あるいは、八世紀の『日本書紀』編者の誰かが、長い歴史の知識を応用して、この「名言」を吐いたのか。はっきりしたことはわからない。おそらく、弥生時代以降、鉄や先進の文物を手に入れるために、「何を交易の材料にすればよいのか」を考え続け、「豊富な樹木（燃料）から作り出せる産物」を思いついたのだろうし、戦略として間違ってはいない。

くどいようだが、中国文明は大陸の森を伐り払ってしまっていた。そしてスサノヲは、「大陸には樹木がない」と気づいていたのだろう。日本列島に定住し、稲作に励んでいた人びとではなく、海人が日本の生き残り戦略を練り上げたのだろう。そしてその海人の象徴的な神（実在の人物？　王？）がスサノヲだったにちがいないのである。

その大切な神が、天上界で暴れ、稲作の妨害を行なったという神話の設定には、悪意が込められていると思う。

徐福とは何者だったのか

渡来人は亡命者？

日本の歴史に海人が大きくかかわっていたとしても、彼らは渡来系なのではないかと、一般には考えられている。また、そもそもヤマト政権そのものが、渡来人による征服王朝だったとする意見は、根強いものがある。

しかし、第２章で述べるように、日本の海人は縄文の文化を継承しているし、渡来人が日本列島を席巻《せっけん》してしまったわけではない。その根拠は「対馬」と「徐福《じょふく》」にあると思う。

対馬にはじめて旅した時、日本史の根幹がわかった気がした。対馬があったから、日本は日本のままでいられたのではないか、とさえ思った。

対馬は日本列島よりも朝鮮半島に近い。北側の展望台から、対岸の釜山《プサン》が見える。今でも、韓国から多くの人たちがやってくる。近年では、日本人よりも韓国人観光客の方が、圧倒的に多い（新型コロナ禍《か》の時期は別だが）。だから当然、対馬は朝鮮半島の文化圏と思われがちだ。しかし、ここは縄文時代からすでに、縄文的で日本的だったのだ（考古学的にははっきりとわかっている）。たとえば弥生時代の稲作は、朝鮮半島からではなく、九州から伝わっている。なぜ、近い方の、朝鮮半島の文化に染まらなかったのだろう。この謎は、対馬だけの問題ではなく、日本列島にも当てはまると思う。

大陸や半島側から日本地図を見なければ、日本の本当の歴史はわからないという話はよく聞く。ならば、そうしてみよう。対馬は渡来人が、最初に訪れる日本列島だ。陸続きでどこまでも行ける大陸の人間にとって、大海原《おおうなばら》に漕《こ》ぎ出し、対馬に行くこと自体が大きな冒険だっただろう。そして、たどり着いた小さな島が、意外にも急峻《きゅうしゅん》で、海岸から仰《あお》ぎ見るような崖や山に覆《おお》われ、平地がなく、「これが倭（日本）なのか」と、茫然《ぼうぜん》としただろう。

すでに触れたように、「魏志倭人伝」には、対馬の様子が「驚き」とともに描かれている。「絶島《ぜっとう》」といい、良田はないという。良田がないのではなく、正確には「平地がない」「山ばかり」なのだ。大陸の人間の「農地もない孤島で、どうやって暮らしているのだろう」という、感想が聞こえてきそうだ。

対馬の次に、壱岐がある。ここの記事も面白い。

「竹林と叢林《そうりん》が多く、三千ばかりの家がある。やや田地はある。ただ、田を耕しても十分な食料を得ることができず、やはり南北に市糴している」

ここでも、田畑の少なさに驚いている。壱岐は平坦だが、おそらく「水の供給」の問題で、農業は振るわなかったのだろう。

「ああ、だから、やむなく船を漕ぎ出して、交易しているのか」

と、大陸の人たちは、勘違いをしたにちがいない。やっとの思いで九州島の末盧国にたどり着いても、遣わされた使者は獣道よりもひどい道を歩かされている。「前を行く人の背中も見えなかった」と、帰国後、みなに吹聴したのだろう。

どこまでも続く広い道を日々往来している大陸の人びとにとって、日本列島は「未開の地」であるだけではなく、「土地を奪ったところで、山しかない。人が住めない。村と村を往き来できない」わけで、侵略する意欲を削《そ》いだことだろう。まして、騎馬民族なら、騎馬の優位性は激減する。

時代は下り、弘安《こうあん》の役《えき》（一二八一年の元寇《げんこう》）で元《げん》は敗れるが、『元史』には、十万の軍勢のうち生還したのは三人だけで、このとき江南《こうなん》（華南《かなん》）の唐人は生け捕りにされたと記録されている。

「南船北馬」というように、中国の北側は平原が広がっていたから馬が重宝されたが、南側は大河川と森に囲まれて、水運が発達していた。さらに、大海原に船を漕ぎ出し、東南アジアに商圏を確立していたのだ。その江南の人びとだけは、助けられたのだ。

日本側はしたたかで、江南の唐人から、造船、航海の技術、潮の流れなどの知識を得て、ここから先、倭寇《わこう》が出現し、各地で暴れはじめる。

問題は、なぜ無敵だった元の大軍が敗れたのか、である。

もちろん、台風にやられたという直接的な原因はあったが、戦略的に見て、大軍の長期逗《とう》留《りゅう》には、無理があった。だいたい、兵站《へいたん》が維持できない。

壱岐の住民はほぼ全滅したが、対馬は完全に滅んだわけではない。人びとは山に逃れている。十万もの大軍の食料を朝鮮半島から運ぶとすれば、対馬の民のゲリラ戦にも対処する必要がある。輸送船団を水軍が襲えば、十万の兵は干上がる。

古代も、同じだ。一時、江上波夫の騎馬民族日本征服説が一世を風靡《ふうび》したが、冷静に考えれば無理がある。考古学的に「騎馬民族がヤマトを席巻した証拠」は見つかっていない。神話にいう葦原中国は、「湿地帯や水田が多い土地」でもある。馬は脚《あし》を取られるし、船に馬を乗せ瀬戸内海を東に進めば、複雑な潮の流れに翻弄《ほんろう》され、水軍の格好《かっこう》の餌食《えじき》になるだけだっただろう。内陸部を進軍すれば、隘路《あいろ》（獣道に毛の生えた程度の狭い道だっただろう）で周囲の林から弓を射かけられて、ゲリラ戦に苦しめられ、疲弊《ひへい》していくだけだ。騎馬民族も領土欲が失《う》せただろう。

大陸の人間は、むやみやたらに、大海原に飛び出そうとは思わなかったはずなのだ。漁も航海も、素人《しろうと》には真似できない特殊技術だからだ。それでも、どうしても海を渡りたいというのは、「敵に攻められて、もう、もちこたえられない」「独裁者の横暴に耐えられない」と、考えた時だろう。

渡来人は征服者ではない。多くは亡命者である。

徐福はなぜ日本に向かったのか

騎馬民族日本征服説のように派手ではないが、紀元前三世紀に中国から大勢を連れて日本に渡って来て、縄文時代から弥生時代への大きな転換期を作り上げたのではないかと疑われている人物がいる。それが、秦《しん》の斉《せい》（山東省《さんとう》）の方士《ほうし》（神仙の術を行なう人）、徐福である。

問題は、徐福は本当に日本にやってきたのか。やってきたのなら王になって、日本列島を支配したのか、である。

徐福は渡来人の意味を考える上で無視できない存在なのだ。

司馬遷《しばせん》の『史記《しき》』に、徐福が登場する（「秦始皇本紀《しんしこうほんぎ》」）。

徐福（徐市《じょふつ》）は始皇帝《しこうてい》に、「海中（中国から見て東方）に三神山《さんしんさん》（蓬萊《ほうらい》・方丈《ほうじょう》・瀛州《えいしゅう》）があって、不老長寿の薬（霊薬《れいやく》）があります」と具申《ぐしん》した。すると始皇帝は、徐福に財宝と五穀《ごこく》（イネ含む）の種、農耕機具や技術者、童男童女《どうなんどうじょ》を与え、僊人《せんにん》（仙人）と僊人のもつ霊薬を見つけるように命じた。こうして、総勢数千人に及ぶ人びとが、大海原に漕ぎ出したのだ。そして徐福は、広い平野と沼地のある土地にたどり着き、王となるも、帰ってこなかった。

ちなみに三神山は、渤海《ぼっかい》沿岸でよく見られる蜃気楼《しんきろう》とされている。『史記』には、内陸育ちの始皇帝が巡行中、会稽山《かいけいざん》の琅邪台《ろうやだい》で東方海上の蜃気楼を実際に見たという記事が残っている。また、琅邪台は徐福村から約四〇キロメートルの地点にある。

同じ『史記』の「淮南衡山列伝《わいなんこうざんれつでん》」には、次の話が載る。

始皇帝が最初徐福を東海に遣わし仙薬《せんやく》を求めさせた。すると徐福は一度帰還して偽《いつわ》りの報告をした。海中の大神と出逢《であ》い、宝来山へ連れて行かれたが、秦王（始皇帝）の礼物《れいもつ》が少ないから断られたと言い、大神は良家の男子と女子、百工（多くの工人。技術者）を献《けん》じるようにと命じたと報告し、始皇帝は納得して、良家の男女三千人と五穀の種子と百工を添えて徐福を送り出した。徐福は平原と広い沼地を手に入れ、王となり、帰ってこなかった。人びとは悲しみ、反乱を起こそうとする者は半数以上に上った。

『後漢書《ごかんじょ》』倭伝《わでん》にも、無視できない記事がある。

会稽（会稽山）の海外に東鯷人《とうていじん》（東方の夷人《いじん》、倭の海人？　ちなみに「鯷」は、「ひしこいわし」）がいる。分かれて二十余国となる。また、夷洲《いしゅう》（台湾《たいわん》）と澶洲《だんしゅう》（琉球《りゅうきゅう》か？）がある。言い伝えによると、秦の始皇帝が方士の徐福を遣わし、幼い男女数千人を率いて船出し、蓬萊の神仙《しんせん》（東方海中にいると信じられていた）を求めたが、出逢うことはなかった。徐福は殺されることを恐れて、あえて帰らなかった。ついにこの洲（夷洲や澶洲）に留まり、世代を重ね人口は増え、数万に膨《ふく》れあがった。その人たちは、時に、会稽の市にやってくる。

会稽や周辺の人は、海に出て嵐に遭《あ》い、流されて澶洲に至る者がいる。夷洲と澶洲は絶遠《ぜつえん》（あまりにも遠く）で、往来が厳しい。

同じような話は、多くの中国の歴史書に語り継がれていった。

日本で語り継がれた徐福伝説

一方、日本各地にも徐福伝説が散らばっている。もっとも有名な場所は、熊野《くまの》の新宮《しんぐう》（和歌山県新宮市）だろう。三神山の中の「蓬萊」が、この地なのだという。熊野川の河口部に、徐福上陸記念碑が建てられている。ここで徐福は暮らしたと伝わり、JR新宮駅に近い場所には徐福公園も整備されている。ここは、元文《げんぶん》元年（一七三六）に、墓が建てられた場所なのだ。

ちなみに、三重県側の熊野市には、富士山とよく似た蓬萊山があって、脇《わき》に徐福の宮がある。墓もある。一帯の地名が「秦住《はたす》」「秦栖《はたす》」と呼ばれていたのは、ここに徐福が住んでいたからだという。

じつに怪《あや》しげな伝承だが、無視できない。たとえば、秦の時代に鋳造《ちゅうぞう》された大型の半両《はんりょう》銭《せん》（貨幣）が多数発見されていて、中国貨幣の専門家も、本物と認めたという。

さらに、一九八四年四月に、中国の『光明日報』（文化情報誌）に徐福の故郷が見つかったと論文が発表された（羅其湘《らきしょう》）。それが「徐福村（徐阜《じょふ》村）」で、「徐福の末裔」を名乗る人びとが見つかっている。「秦の始皇帝の時代に童男童女五百人を引き連れ、僊人と仙薬を求めて東方の桃源郷《とうげんきょう》・日本に向けて旅立った方士・徐福の故郷」と言い伝えられていたというのである。

伝承は、まだ続いていく。横暴で多くの人を殺してきた始皇帝は、全国を支配し終えると、巡行し、不老不死の薬を献上するように命じた。しかし、薬が効《き》かないとわかると、献上した者を斬《き》り殺した。徐福は医術を生業《なりわい》にもしていて、不老不死の薬は存在しないと思い、皇帝を欺《あざむ》き、大海原に漕ぎ出したのだという（『徐福　弥生の虹桟』羅其湘・飯野孝宥共著　東京書籍）。

徐福は実在したと考えてよいだろう。ならば、日本にどのような影響を与えたのだろう。

弥生時代の始まりは紀元前三世紀と考えられていたから、徐福の渡来によって日本に稲作がもたらされたのではないかと考えられていた。たとえば飯野孝宥は、徐福は日本にやってきて、焼畑《やきはた》と漁撈と採集の経済を一変させたと指摘している。灌漑《かんがい》や稲作農業の技術と知識、神仙思想をもちこんだといい、古代日本の発展期に多大な貢献と影響を及ぼしたという。その上で、「この渡来人の集団は、秦の強大な圧迫から逃れて新天地を理想の楽土に求め、将来の夢をこの桃源郷に託したのである」（前掲書）と、指摘している。

しかし、弥生時代の始まりは、紀元前三世紀ではなく紀元前五世紀ごろではないかと疑われはじめ、さらに、炭素14年代法（放射性炭素C14の半減期が約五千七百年という性格を利用して遺物の実年代を測る方法）が精度を高め、弥生時代の始まりを測定したところ、紀元前十世紀後半だった可能性が高まった。そのため、徐福の渡来によって弥生時代が始まったという仮説は、ほぼ成立しないことになってしまったのだ。

ただ、だからといって徐福を軽視してよいわけではない。

たとえば、『隋書《ずいしょ》』倭国伝に、次の記事がある。

大業《たいぎょう》四年（推古《すいこ》十六年［六〇八］）、裴世清《はいせいせい》が隋から日本にさし向けられたが、その時、竹《つく》斯《し》国（筑紫《つくし》）の東に「秦王国《しんおうこく》」があって、住民は「華夏《かか》に同じ（中国人に似ていて）」でこれが「夷洲（中国から見て東の野蛮人の住む土地）」と思われるが、よくわからない。竹斯国から東は、みな倭に属している。

おそらく、豊前国《ぶぜんのくに》（福岡県東部と大分県北部）のことと思われる。具体的には、山国川《やまくにがわ》の左岸（北側）のあたりだ。漠然《ばくぜん》とした記事だが、ここは重要だ。秦王国は「秦の国」から来た人びとの国だろう。

徐福と秦氏の接点

ここで、徐福と秦氏《はた》がつながってくる。秦氏は新羅系の渡来人集団だが、新羅と中国には、接点がある。

三世紀の『魏志』に、辰韓《しんかん》（のちの新羅）にまつわる気になる記事が載る。「その言語は、馬韓《ばかん》（朝鮮半島南部の中心勢力。のちに騎馬民族［扶余《ふよ》］に支配されて百済《くだら》となる）と同じではない。むしろ、秦人（中国の人）に似ている」というのだ。また、辰韓の人々は秦の重税や苦役《くえき》から逃れ、馬韓の東側を割《さ》いて住まわせられた。秦の人に似ているから「秦韓《しんかん》（辰韓）」とも呼ばれていたという。

さらに時代は下って、『北史《ほくし》』や『梁書《りようしよ》』に、新羅にまつわる記事がある。やはり、言葉も文化も中国人に似ていて、そもそも新羅に住んでいたのは「秦人」であり、だから「秦韓

（辰韓）」といったのだと指摘している。

すでに一九三〇年代に、徐福が最初日本ではなく、朝鮮半島にたどり着いていたのではないかと、王輯五《おうしょうご》は推理している。半島東南部の辰（秦）韓がそれで、そこから分かれた集団が日本に渡り、出雲にたどり着いたというのである（『中国日本交通史　中国文化史叢書』臺灣商務印書館）。スサノヲが新羅からやってきた神話から、この解釈が生まれたのだろう。

ただ徐福は、スサノオと関係が深い出雲よりも九州北東部とつながりが強い。秦氏がヒントとなる。

『正倉院文書《しょうそういんもんじょ》』の大宝《たいほう》二年（七〇二）に残された戸籍から、八世紀初頭の豊前国の中心部に、秦氏が密集していたことがわかる。八割から九割が秦氏系だった土地が、いくつもあったのだ。

白鳳《はくほう》時代（七世紀半ば～八世紀初頭）、前述の「秦王国」の一帯の寺院では、新羅系の瓦《かわら》が使われていたことがわかっている。

少し時代はさかのぼって、六世紀半ばあたりから、山国川右岸に屯倉《みやけ》（朝廷の直轄領《ちょっかつりょう》）が増えていったが、それを管理していたのが秦氏であり、古い住民である宇佐《うさ》氏を圧迫して同化していったのではないかと考えられている（『八幡信仰史の研究』中野幡能　吉川弘文館）。

徐福は秦の始皇帝の圧政から逃れるために、不老不死の霊薬を求めるという名目で東方に船出したが、秦の重税から逃れた秦韓の人びとと、よく似た境遇《きょうぐう》であったことがわかる。そして、秦氏も「もともと中国から朝鮮半島にやってきた。秦の国の人」と、自称している。この経歴、本当だったのではないかと思わせる考古学的な物証がある。徐福伝説は、秦氏と密接にかかわっている可能性が高い。

秦氏は畿内《きない》にも集住し、特に山城《やましろ》（山背《やましろ》）の灌漑事業を手がけ、土地を開墾《かいこん》したことでも知られる。山城の秦氏が手がけた土木工事でもっとも有名なのは、京都嵐山《あらしやま》の渡月橋《とげつきょう》付近の葛野大堰《かどのおおい》だ。

十一世紀初頭に編纂《へんさん》された『政事要略《せいじようりやく》』（平安時代の法制に関する解説書）には、その昔、秦の昭王《しょうおう》が堰《せき》を築き、広大な土地を開墾し田を開き、晋国《しんこく》が豊かになった、葛野大堰はこれに倣《なら》って造られたとある。森浩一は、その中国の都江堰《とこうえん》と葛野大堰はそっくりだと指摘している（『京都の歴史を足元からさぐる　嵯峨・嵐山・花園・松尾の巻』学生社）。

すでに触れたように、『史記』には、徐福が「海の向こうに渡って王になった」とあったが、もうひとつ興味深い記事が北宋《ほくそう》の文人、欧陽脩《おうようしゅう》が書いた『文忠公全集《ぶんちゅうこうぜんしゅう》』に残されている。

伝え聞くところによると、日本は大きな島からなっていて、肥沃《ひよく》で人びとも穏《おだ》やかである。そのむかし、徐福は自身を秦人と偽って仙薬を探すと言って日本に留まった。この時、日本にもちこんだ技術や文化は精巧《せいこう》なものだった……。

徐福が先進の技術を日本列島にもたらしたことは間違いなく、「秦人と自称した」その姿は秦氏と重なって見える。

とはいっても、秦氏の渡来は、三世紀（あるいは四世紀）のヤマト建国後のことで、ここに時間の差が生まれる。秦氏は、徐福と同じように、秦の始皇帝の圧政に苦しみ、朝鮮半島に逃れた。しかし、そこでも安住の地を見つけることができずに、のちの時代に日本列島に渡来し、北東九州の地に定住したのではなかったか。

秦氏の底力

秦氏の技術とネットワークは、ヤマト政権の繁栄を支えた。秦氏の隠然《いんぜん》たる力は侮《あなど》れなかった。ただし、彼らは長い間、政権の中枢に入ることはなかった。彼らに転機が訪れ、政権の中枢に招かれたのは、六世紀になってからのことだった。事情は、以下のとおり。

五世紀末にヤマトの王統が混乱し、やがて越《こし》（北陸）から男大迹王《おおどのおおきみ》が連れて来られ即位する（継体天皇《けいたい》）。継体亡きあと、その三人の男子の上二人が順番に即位した。継体が越にいたころ、尾張《おわり》系の女性を娶って生まれた子だ。

一方、末っ子の天国排開広庭尊《あめくにおしはらきひろにわのみこと》（欽明天皇）の母はヤマトの旧王家の出身で、尾張系の王家とは、ライバル関係にあった。即位を阻止する力が働いていた可能性が高い。尾張系の王家が二代続く中での出来事だ。『日本書紀』に次の記事がある。

幼い天国排開広庭尊は夢をご覧になった。ある人が、「秦大津父《はたのおおつち》という者を寵愛《ちょうあい》すれば、成人された時、必ず天下をお治めになるでしょう」と申し上げたのだ。そこで秦大津父なる者を探し、山城国紀伊郡《きのこおり》の深草里《ふかくさのさと》（京都市伏見《ふしみ》区、南区）で見つけ、そば近くに仕《つか》えさせ、厚遇《こうぐう》した。即位したあと、秦大津父を大蔵省《おおくらのつかさ》に命じた。

欽明天皇の時代に大蔵省という役所はなかったが、神官の斎部広成《いんべのひろなり》の『古語拾遺《こごしゅうい》』に、秦氏は養蚕《ようさん》に励み、織物《おりもの》を貢調《こうちょう》してうずたかく積み上げたこと、朝廷は蔵を建て、秦氏が出《すい》納《とう》を管理したと記録されていることからも、この段階で財務にかかわったことは、確かなのだろう。

秦氏の財政的な協力がなければ、天国排開広庭尊に即位の芽がなかったと、『日本書紀』はほのめかしているわけで、もちろんその理由は、腹違いの二人の兄の系統を支持する勢力の存在が大きかったからだろう。

むしろピンチに立たされていたのは天国排開広庭尊の方で、大金持ちの秦氏を囲い込んだことで、ようやく政敵を煙《けむ》に巻いたことになる。

建国以来、ヤマト政権は畿内豪族勢力による合議制を堅持していた。その畿内豪族勢力とは、ヤマト建国時に方々《ほうぼう》から集まってきてヤマトの王を担《かつ》ぎ上げて支えた「建国の立役者」たちであるが、畿内豪族勢力は五世紀末、既得権益にしがみつき、だからこそ、王統が乱れるほどの主導権争いが勃発《ぼつぱつ》していたのだろう。

また、渡来系の秦氏を抱き込み、重用することは、ヤマト政権内では一種の禁じ手だった可能性を秘めている。渡来系はそれまで、畿内豪族勢力の仲間に入れてもらえることはなかった。悪くいえば、こき使われていたわけである。何をいいたいかというと、長らく戦後の史学界で信じられてきたように、征服王朝が日本（ヤマト）を支配していた、などという発想を支持することはできない。

もっとも、「先にやってきた渡来人たちがヤマトを建国し、あとからやってきた渡来勢力をはね飛ばした」と考えることも可能だ。日本列島には長い年月をかけて、多くの渡来人が海を渡って来た。しかし、ここが重要なのだが、彼らは染みるように増加していったのであって、一気に、元寇のように押し寄せたわけではなかった。

さらにヤマト建国も、強い王がヤマトに乗り込んで成立したのではなかった。ヤマト建国にまつわる考古学の物証はほぼ上がっていて、建国の経緯がおおよそ推理できるようになっている。

三世紀初頭、奈良盆地の東南の隅、三輪山山麓《みわやまさんろく》の扇状地《せんじようち》に、宗教と政治に特化された人工都市・纒向《まきむく》が出現した（奈良県桜井市《さくらいし》）。纒向遺跡には、いわゆる「外来系の土器」の数が判明しており（全体の一五〜三〇％）、これは国内の他地域から人びとが集まり、ヤマト建国に貢献していたことを意味する。

いわば「権力も富もいらない」と、ヘソを曲げて貧しかったヤマトに、多くの地域の首長が集まってきて、手弁当で奈良盆地の東南の隅を国の中心に据《す》えた事件が、ヤマト建国であった。それは「領土欲、征服欲にまみれた渡来人の仕業《しわざ》」ではなかったことがわかってきている（後述）。

徐福伝説は、渡来系の人びとが多くの文化と技術を日本にもたらしたことを物語っているのは間違いないとしても、太古の日本が、渡来系文化に入れ替わったのかというと、それは大きな間違いである。日本の歴史を注意深く追うと、縄文文化への揺り戻しがたびたび起きていることに気づく。日本文化はつねに日本的（縄文的、多神教的）であり続けたのであり、ここに、日本人の不思議がある。

中国文明は、長く世界の中心であり続けたといっても過言ではない（詳しくは第4章で）。世界中の森を失った文明が次々と滅び、衰弱していく中、中国文明だけが、不死鳥のように、何度も蘇《よみがえ》ったのだ。また、漢民族と歴代王朝は、「征服した土地の男性は根絶やしにするか追い払ってきた（女性は奪う）」という非情なる歴史をくり返していた。周辺地域にとって、これほど恐ろしい存在はない。だからこそ、辟易した徐福は船を漕ぎ出したのである。

徐福は「光り輝く中国文明を日本にもたらした人」ではない。中国文明の恐ろしさを日本に伝えた人なのだ。そこを、見誤ってはならない。

渡来系の豪族たちが、ヤマト建国から長い間、「縁の下の力持ち」の地位に甘んじていたのも、中国の圧政から玉突き状、ところてん式に逃れて来た人びとだったからと考えると、合点がゆくのである。

この発想を原点にして、日本の海人と東アジアの交流を探っていこう。

第2章

倭の海人はどこからやってきたのか

大海原に飛び出した縄文人

高天原は朝鮮半島？

天皇家の祖が朝鮮半島からやってきたのではないかという推理は、戦後になって盛んに述べ立てられるようになった。江上波夫の騎馬民族日本征服説を筆頭に、次から次と、唱えられ、一時、高く評価された。

江上波夫は、後期古墳文化が前期古墳文化と比べると根本的に異質で、騎馬民族的な要素が移入されていること、変化が急激で不自然なこと、農耕民族は異質な文化を取り入れて変革する性格がないと主張し、東北アジアの騎馬民族が四〜五世紀にかけて、朝鮮半島を南下し、日本列島に押しかけたと結論づけた。

前期古墳文化人なる倭人が、自主的な立場で、騎馬民族的大陸北方系文化を受け入れて、その農耕民的文化を変質させたのではなく、大陸から朝鮮半島を経由し、直接日本に侵入し、倭人を征服・支配したある有力な騎馬民族があり、その征服民族が、以上のような大陸北方系文化複合体をみずから帯同してきて、日本に普及させた（『騎馬民族国家』中公新書）

その後、江上波夫の考えは否定されていくが、水野祐は、少し形を変えて「三王朝交替説」を生み出した（『日本古代王朝史論序説　水野祐著作集1』早稲田大学出版部）。こうして、「王家の祖が朝鮮半島からやってきた」「日本文化は朝鮮半島からもたらされた」という考えだけは、根強く残っていくのである。

たとえば関晃は、古代の帰化人が日本人の先祖で、古代社会を形成したのは、帰化人の力によると主張した（『帰化人』至文堂）。

また上垣外憲一は、古代朝廷が玄界灘《げんかいなだ》の沖《おき》ノ島《しま》で航海の無事を祈り、海上交通の神・宗像三神（女神）に、捧げ物をして祀っていたが、それはここが天孫降臨の舞台だったからと推理した。

『古事記』や『日本書紀』に宗像三神は登場する。高天原《たかまがはら》で誕生した宗像三神の一柱が沖ノ島に舞い下りたとあり、『日本書紀』は、宗像神が天孫を助けて筑紫に降下したと記録している。そして、上垣外憲一は天孫降臨の地が「韓国に向《むか》ひ」とあるのだから、朝鮮半島の対岸の北部九州の海岸部こそ、天孫降臨の場所だったと推理している。すなわち天皇家の祖の天津彦彦火瓊瓊杵尊《あまつひこひこほのににぎのみこと》は、朝鮮半島南部から北部九州に渡って来たと考えたのである。

宗像女神の由来談に照らしても、記紀の表現の中には、高天原が朝鮮半島である、というアイデアが混じていることは確実といえる（『倭人と韓人』講談社学術文庫）

さらに本居宣長《もとおりのりなが》が『古事記伝』（一七九〇～一八二二刊）の中で天津彦彦火瓊瓊杵尊の「ホ」を稲穂《いなほ》と解釈したことを重視する。天津彦彦火瓊瓊杵尊の兄の火明命《ほのあかりのみこと》の「ホ」も、同様に穂と指摘していて、二人の父・天忍穂耳尊《あまのおしほみみのみこと》にははっきりと「穂」とあること、また『日本書紀』には、天照大神が天忍穂耳尊に稲穂を授けていたとある。このことから、上垣外憲一は、天孫降臨は稲作農民やイネそのものの渡来を象徴的に物語っていると推理した。

倭人は中国からやってきた？

倭人は中国からやってきたとする説もある。紀元前五世紀ごろに長江《ちょうこう》（揚子江《ようすこう》）周辺に国が生まれ、呉《ご》や越《えつ》となっていくが、東洋史学者の岡田英弘は、この越人のことを倭の海人の祖だというのである（『倭国』中公新書）。

大切なところなので、少し、説明しておこう。

かつて中国の古代王朝は殷《いん》から始まると信じられていた。ところが近年、幻《まぼろし》と思われてきた「夏《か》」が実在していた可能性が出てきた。孔子が理想視した古代王朝だ。河南省《かなんしょう》偃師市《えんしし》で紀元前一八〇〇～紀元前一五〇〇年ごろの中国最古の宮殿建築（二里頭遺跡《にりとういせき》）が発見され、これがちょうど夏の時代に重なっていたのだ。

中華人民共和国の研究者は、この発見によって夏王朝は実在したと太鼓判を押すが、これは国威高揚のための政治的な思惑《おもわく》もからんでいて、鵜呑《うの》みにはできない。殷王朝成立以前の遺跡である可能性は高いが、文字資料が発見されていない。地域の中心であったとしても、その後期だからといって「夏王朝」だった証拠にはならない。夏の時代の遺跡といっても、夏に重なっているにすぎないのだ（何やら邪馬台国論争と似ている）。そこで日本の研究者は、夏であった可能性は認めつつも、確認できたとは断言していない。

ただひとつ確実なのは、伝説の（理想視された）夏の時代に何かしらの文明が勃興《ぼっこう》していたということである。

夏の始祖王「禹《う》」は、蛇身《じゃしん》で水の神＝竜と信じられていた。治水を手がけ、世界が水没するような大洪水から人びとを救ったと伝わる。夏人の祖が治水に力を発揮できたのは、彼らが長江やその北側の淮河《わいが》流域の原住民で、「夷」と呼ばれた東南アジア系だったからだと、岡田英弘はいう。南方から船に乗って来たと推理している。

古くは「竜」と「江」は同じ発音で、長江の南側は、「川」を「江」と書くが、「竜」は東南アジア系の水神で、要は、夏人がそこから北上した、というのである。彼らは秦嶺《しんれい》山脈にぶつかった場所で船を降り、北方の狩猟民や遊牧民と交易を行ない、商業都市が生まれ、さらに黄河《こうが》の南岸の洛陽《らくよう》盆地に首都を築いたというのである。

紀元前五世紀ごろになると長江の一帯の華南に国が生まれ、呉や越となっていくが、彼らは夏人の末裔で、さらに北上し、山東《さんとう》半島の南側に進出し、さらに海を渡り、朝鮮半島や日本列島に移住し、海岸の低地を占領したという。つまり、夏人の末裔の越人が倭人の先祖で、海の民で商人だったという。

また、『漢書』に、「倭人が百余国に分かれている」と記されていることについて、漢王朝が貿易特権を与え、その組織が百いくつかあったことを意味していて、それぞれの組織の背後に中国商人がついていたというのである（前掲書）。

中国の揚子江下流域では、土地の水人（白水という土地の海人。潜水漁法もこなした）を白水郎《あま》と呼んだ。日本側の遣唐使がこの存在を知り、海人を「白水郎」と表記するようになった。『日本書紀』『万葉集《まんようしゆう》』『風土記《ふどき》』は、海人を「白水郎」と表記する。

中国の南側と倭はつながっていた？

民俗学の大家・宮本常一も、岡田英弘の考えに同調し、倭人と縄文人を区別している（『日本文化の形成』講談社学術文庫）。

ちなみに、東アジアの北緯三五度線に沿って、唐《とう》や新羅、倭の都が並んでいる点について岡田英弘は、黄河の下流域と一致すると指摘した。北側は大陸性気候の東北アジアで、乾燥していて農耕には適さない狩猟や騎馬民族の世界だ。さらに、対する南側は亜熱帯性気候で、水稲が育ちやすく、米と魚を食す文化圏で、川や海を船で移動する。この二つの異文化圏が接触する地域だから、東アジアの中でもこの地域が発展したと推理している。

鳥越憲三郎も、倭人は中国南部からやってきたと考えた。

中国雲南《うんなん》省の湖沼や湿地帯で水稲稲作が始まり、高床式住居が考案され、河川を通じて東アジアや東南アジアに移動、分布していった。鳥越憲三郎はこれらを「倭族」と呼んでいる。呉国は紀元前四七三年に滅んだため、倭族が稲作文化を携えて朝鮮半島や日本列島に亡命したというのである。

『史記』などには、長江下流域以南に「百越（多くの越の国）」があったと記録されている。その「越」は、上古音では「ヲ wo」で、「倭 wo」に通じ、類音異字だとする。しかも、倭族の住む長江流域以南に、秦の始皇帝と前漢の武帝《ぶてい》が政治的、武力的に介入してきた。だから倭族の一部は、東に向かい、朝鮮半島南部や日本列島にたどり着き、弥生人になったという（『古代朝鮮と倭族』中公新書）。

問題は、それだけではない。『後漢書』には、馬韓（のちの百済）について、「北側は楽浪《らくろう》と、南は倭と接し、辰韓（のちの新羅）は東にある」とあり、『三国志』にも、馬韓の南側は倭に接していると記す。また、弁辰《べんしん》（朝鮮半島最南端。のちの伽耶《かや》諸国）の中の瀆盧国《とくろこく》が、倭と境を接しているとある。

さらに『後漢書』は馬韓について、「倭に近いためにすこぶる文身（入れ墨）をする者がいる」と説明している。つまり、朝鮮半島南部は、中国の倭族が移り住み、国（辰国《しんこく》）に成長し、のちに「辰韓」「弁辰（弁韓《べんかん》）」と分かれていき、これが、韓族になったという。中国南部の倭族が海に漕ぎ出し東に向かい、朝鮮半島と日本列島に定住したというわけだ。

倭の海人は縄文時代から活躍

これらの「倭人（倭族）＝中国南部からの渡来人説」は、多くの支持を受けてきたものだ。しかし、そのまま受け入れることはできない。倭の海人は、すでに縄文時代から日本列島で活躍していた可能性が高いからだ。

最新の遺伝子研究によれば、東アジアの中で縄文人と同じＤＮＡ配列をもつ割合が高いのは、朝鮮半島南部の人びとだった。篠田謙一は、北部九州地方と朝鮮半島南部が、「同じ地域集団だった」と指摘している（『日本人になった祖先たち』ＮＨＫ出版）。

この事実は、重要な意味をもっていると思う。つまり、倭の海人は、これまで考えられてきたような、大陸系の渡来人とは、言い切れないし、朝鮮半島南部と縄文が強くつながっていた確証がある。

宮本常一は、鐘崎《かねさき》海人（宗像の海人の中心勢力）に注目している（『日本民衆史3　海に生きる人びと』未來社）。縄文時代から近世にかけて活躍した海人だ。

鐘崎は福岡県宗像郡玄海町の海岸部の地名だ。小さな半島状の地形で、瀬戸内海から博多《はかた》に向かう船は、必ずここを通らねばならなかった。また、「ここから船で本州の西側を日本海ぞいに北上していくには、九州の地としては最適のところ」（前掲書）で、沖合の大島《おおしま》、沖ノ島を経由すれば、朝鮮半島につながる場所でもあった。どちらの島も宗像大社の信仰と大いにかかわる。

鐘崎の海人が鎌倉時代に朝鮮半島へ向かっていたことが記録として残っているが、それよりも古い大昔、鐘崎の人びとが朝鮮半島南部との間を往来していた物証が残っている。

鐘崎貝塚で見つかった縄文後期の土器が、鐘崎式土器である（その土器の形式を表す標式となった）。この鐘崎式土器は、釜山市の東三洞《トンサンドン》貝塚でも見つかっている。鐘崎の縄文の海人たちが、玄界灘を果敢に渡っていたことは間違いない。

鐘崎の海人たちは近年まで、船に乗って遠い場所に漁場を求め、一年のほとんどを遠方で過ごし、時々故郷に帰ってくる生活をくり返していた。対馬や壱岐の海人は、鐘崎から進出したと宮本常一は指摘する。また彼らは、朝鮮半島にも赴いたというのである。

小山修三は、日本列島を包み込む海のネットワークは、すでに縄文時代に完成していたと指摘する（『日本人のルーツがわかる本』［逆転の日本史］編集部編　洋泉社）。縄文時代の主立った遺跡は、大きな湾の奥に位置していて（富山湾の朝日町不動堂《あさひまちふどうどう》遺跡、東京湾の加曽利《かそり》遺跡、堀之内《ほりのうち》遺跡、高根木戸《たかねきど》遺跡、錦江《きんこう》湾［鹿児島県］の上野原《うえのはら》遺跡など）、漁撈と航海の海人の存在を考えざるを得ないからだ。また、海上の「ヒスイの道」は、北海道から東北、北陸、北九州と、近世の日本海航路と重なっている。

その上で小山修三は、縄文時代は異質なものや異なる地域とつねに接触していて、異質なものと融合することに慣れていて、それが伝統になっていたこと、弥生期になっても異質な渡来人との間にも、闘争は起きなかったと指摘した。縄文的な伝統が幸いし、「縄文時代が弥生時代を取り込んだ」（前掲書）というのである。まさに、正鵠《せいこく》を射ている。

つまり、縄文時代から鐘崎の海人たちは、玄界灘を自在に往復し、倭を代表する海人として活躍していたことがわかる。朝鮮半島南部の倭人が縄文系だった可能性は高いのである。

入れ墨の風習

日本列島は（改めて指摘するまでもなく）海に囲まれているから、列島人は海産物を好んで食した。その様子は「魏志倭人伝」に描かれている。また、倭の海人が「優秀な漁撈民」だったことは、東アジア中に知れ渡っていたようだ。

『後漢書』に、東北アジアの鮮卑《せんぴ》族（騎馬民族）の部族長の檀石槐《だんせきかい》（という人物）の話が載る。この時代、鮮卑は栄え、人口が増え、農業、牧畜、狩猟をしているだけでは、食べていけなくなった。檀石槐は烏侯秦水《うこうしんすい》（遼河《りょうが》の支流。遼寧《りょうねい》省赤峰《せきほう》市）の魚が捕れないものかと考え、倭人が網を使って魚を捕ることを知り、倭人国を攻め、千余家の人びとを連行し、移住させ、魚を捕らせたという。

よく似た事件は、平安時代にも起きている。寛仁《かんにん》三年（一〇一九）、刀伊《とい》の襲来事件だ。刀伊は女真《じょしん》族である。五十四隻の軍団で、対馬、壱岐、肥前、筑前《ちくぜん》の海岸地帯を急襲し、壮年の男女をさらっていった。その数、約千三百人という。倭の海人の伝統を継承していたであろう土地の、海岸部の人びとが連れ去られたのは、「海人の技術」が欲しかったからだろう。

倭人が強く海人の文化に彩《いろど》られていたことは、文身（入れ墨）の風習からも明らかだ。

ちなみに中国の場合、文身の習俗が盛んだったのは、北は山東省の南あたり、南は、福建省、広東省《カントン》の沿岸だ。

なぜ海人（水人）が文身したのかというと、海の害獣《がいじゅう》から身を守るためである。海の生き物と同類であることを害獣に示すことによって、襲われることを防げるという発想があったようだ。

文身の記事は、『隋書《ずいしょ》』流求国伝にも載る（「流求」は台湾から琉球諸島にかけてか）。この地域では縄文時代から貝を中心に、クジラやイルカを含めて、海の幸の残骸《ざんがい》が地中から出土する。『延喜式《えんぎしき》』（平安時代）の贄《にえ》（神や天皇に供する食物）や調《みつぎ》（献上品）にも、魚介類が記録されている。彼らは南西諸島を自由自在に往き来していた海の民であろう。

「魏志倭人伝」にも倭人が文身をしていると記録されている。また、朝鮮半島の人びとにも影響を与えたようだ。「魏志韓伝《ぎしかんでん》」には、男性が時々文身しているとある。同「弁辰伝」に「倭に近いため男女ともに文身している」とある。

これらは東南アジアの非漢民族（東夷）の水人に共通の文化なのだが、日本列島ではすでに縄文時代から、入れ墨の文化は根付いていて、しかも、その図柄が古墳時代まで系統立って継承されていたという指摘がある。縄文時代中ごろに始まった入れ墨（黥面）の風習は、古墳時代に入ったあとも継続し、五～六世紀の埴輪《はにわ》の文様《もんよう》に受け継がれていたのである。

志賀島の金印に残された海人の痕跡

倭人が海と強くつながっていたことを中国側も熟知していた。それは、意外な物証から明らかだ。それが志賀島《しかのしま》の金印である。

倭の奴国《なこく》（福岡県福岡市周辺）は、後漢王朝に朝貢《ちょうこう》し、金印を授かった。漢、魏、晋《しん》の時代に、中国の王朝が周囲の後進国の王に印を与えた。江戸時代に志賀島で偶然、農夫が見つけたが、印の鈕《ちゅう》（つまみ）は蛇の形だった。これは珍しいもので、他に雲南の一例があるだけだ。多くは獣で、いちばん多いのはラクダで、羊もある。トーテム的信仰（社会集団に動物や植物が宗教的に結びつけられた）に配慮した造形だと考えられている。

乾燥地帯の民族にはラクダや羊がぴったりと合うが、なぜ倭人と雲南に蛇なのだろう。雲南は内陸部に位置するが、沿岸部と強く結ばれた地域で、「水（川、海）や船の文化」を共有し、水人でもあった。その水人は竜蛇信仰《りゅうじゃ》を継承し、流求では、入れ墨に爬虫類《はちゅうるい》や蛇（虫蛇）の文様を用いていたという（『隋書』流求国伝）。

大林太良は、入れ墨文化に二つの大きな流れを想定していて、まず、アイヌや南西諸島の「僻地《へきち》」に文身の風習が長く残ったこと、古い伝統だったといい、越文化圏（水稲耕作・漁撈民文化。インドシナ北部から呉越、倭）には、海の害獣から身を守るための入れ墨文化があり（竜文身）、それよりもさらに広い地域には、「入れ墨をしないとあの世に行けない」という信仰があって、それが、古層《こそう》の入れ墨文化圏だったと指摘している（『倭と倭人の世界』国分直一編毎日新聞社）。

また、「魏志倭人伝」にあるような倭人の文化は、華南から東南アジアに連《つら》なる要素が多いのだが、これらの地域のいくつかの文化が複合していると指摘している。つまり、焼畑耕作民文化と水稲耕作・漁撈民文化的要素が重なっているという。さらに、焼畑耕作民文化はすでに縄文後期、晩期に日本列島に到来したと推理している（『邪馬台国』中公新書）。

こうして見てくると、倭の海人の習俗は、朝鮮半島の影響を受けて誕生したわけではなかったことに気づかされる。中国南部から東南アジアにかけての文化圏に属していたことは間違いない。

また、かつて唱えられていたように、倭の海人は中国南部から直接、影響を受けたわけではない。すでに縄文時代に、海人の文化がほぼ整っていたのである。

もちろん、倭の海人が純粋な縄文人だったわけでも、すべてが縄文文化だったわけでもないだろう。しかし、これまで考えられてきたような何もかもが渡来系という発想は、もはや通用しないのである。

中国の江南の人・王充《おうじゆう》が記した『論衡《ろんこう》』（哲学思想書）に、次の記事が載る。「周《しゆう》の時、天下太平で、倭人がやってきて暢草《ちようそう》（祭祀に欠かせない植物？）を献じた」「成王《せいおう》の時、越常《えつじよう》が雉《きじ》を献じ、倭人は暢（暢草）を献じた」「周の時は天下太平で、越裳《えつしよう》（越常）は白雉《しろきぎす》を献じ、倭人は鬯草《ちようそう》（暢草）を貢《みつ》いできた」。ここにある「成王の時」は、紀元前一〇二〇年ごろで、縄文時代の晩期にあたる。

森浩一は、『論衡』に現れた倭人は、釜山の東三洞貝塚に土器を残した縄文人のような人たちだろうと指摘し、さらに、「倭の海人」は弥生系、あるいは渡来系と信じられてきたが、すでに縄文時代に登場していたと指摘している。

おそらく縄文人は、北九州沿岸や玄界灘の島々をたくみに利用しながら大陸の一角にわたって、考古学的な証拠をのこしているのだが（中略）、縄文後・晩期の人びとをも、中国人は倭人とよびだしたとみることは、先ほどからの縄文人の海での活躍をたどると、

むしろ当然のこととしてよかろう（『日本の古代１　倭人の登場』森浩一編　中央公論社）
そのとおりだろう。これまでの常識は、少しずつ、覆されようとしている。

旧石器時代から続く朝鮮半島との交流

縄文の海人たちは、果敢に大海原に飛び出している。丸木舟も長さ六・五メートル（使われていた時は七メートルを超えていたと考えられている）、幅七六センチメートルと大きく外洋航海が可能なものが、長崎県大村《おおむら》湾から出土している。

交易と交流の様子は、考古学が物証を提示している。たとえば、佐賀県の腰岳《こしだけ》産の黒曜石《こくようせき》が八〇〇キロメートル離れた沖縄本島にもたらされ、新潟と富山県境の硬玉製大珠《たいしゅ》が縄文後期の市来《いちき》式土器とともに種子島《たねがしま》から見つかったり、一一〇〇キロメートル離れた地域の間で、交易が行なわれていたことがわかっている。

また、縄文早期以来、弥生、古墳時代にかけて、伊豆諸島から東日本各地に向けて、オオツタノハガイ製の貝輪を中心に貝や貝製品がもたらされていた。流れの速い黒潮（流速最大四ノット＝時速約七・四キロメートル）を横断する力を、縄文人たちはすでに獲得していた。現代でも世界有数の難所とされる津軽《つがる》海峡も、縄文人たちは、日常的に往き来していたようだ。縄文後期後半には、宮滝《みやたき》式土器（奈良県吉野町《よしのちょう》宮滝遺跡出土土器が標式）が近畿地方から東海や伊豆諸島にもたらされ、東北地方南部の新地《しんち》式土器（福島県新地町小川《おがわ》貝塚出土土器が標式）が、関東や近畿地方にもたらされた。

縄文時代の終わりごろ、南西諸島の貝が、九州の西海岸（多島海）を経由して、日本海や瀬戸内海に運ばれていった。これを「貝の道」と呼んでいる。貝は加工され、腕輪（装飾品）として珍重《ちんちょう》されたのである（『海を渡った縄文人』橋口尚武編著　小学館）。

日本列島内だけではなく、朝鮮半島とも往き来があった。一九八〇年以降、韓国でも発掘調査が盛んに行なわれ、日本列島にしかないと思われていた遺物が、半島南部から発見されるようになった。

日本列島と朝鮮半島の交流は旧石器時代に始まっている。二万年前のスヤンゲ遺跡（韓国・忠清北道丹陽《タニヤン》郡）から、九州で見つかっている剝片尖頭器《はくへんせんとうき》とよく似た石器が出土した。縄文時代の交流も確かめられている。鰲山里《オサンリ》遺跡（韓国・江原道襄陽《ヤンヤン》郡）から、結合式釣針（軸と針が分離してつながっている釣針）の原型となるものが見つかっていて、これが西北九州で多く見られる。

逆に、九州の縄文土器（曾畑《そばた》式土器や、阿高《あたか》式、南福寺《なんぷくじ》式、鐘崎式など）が、釜山市の東三洞貝塚で見つかっていて、長い交流が確かめられている。

弥生時代の遺物も続々と見つかっている。弥生時代の交流といえば、朝鮮半島から一方的に文物が流入した印象が強い。しかし実態は、それほど単純ではない。

金《キム》海《ヘ》・会峴洞《ホエヒョンドン》貝塚（韓国・慶尚南道金海市）で見つかった埋葬用の「金海式甕棺《かめかん》」が北部九州にもたらされている。朝鮮半島南部の無文《むもん》土器は、弥生時代に日本に大量にもたらされている。逆に、勒《ヌク》島《ド》（韓国・慶尚南道泗川《サチョン》市）などの住居跡から、北部九州の弥生土器が見つかっている。また、やはり北部九州の袋状《ふくろじょう》口縁《こうえん》壺《つぼ》が、金海市で見つかっている。

弥生文化は朝鮮半島南岸部に影響を与えていたことがわかっている。双方向の交流が行なわれていたことは間違いない。両地域は同一文化圏を形成していた、とする指摘もあるほどだ。

また弥生時代後期、倭人は鉄を求めて朝鮮半島南部に群がっていた。『魏書』東夷伝には、朝鮮半島東南部にまつわる次の記事がある。

国は鉄を出《いだ》す。韓、濊、倭、皆従《みなしたがい》て之《これ》を取る。諸市《しょし》買うに皆鉄を用う。『後漢書』東夷伝にも、そっくりな記事が載る。鉄を貨幣のようにして取引していたことも、しっかり記録されている。

古墳時代は、少し様相が異なってくる。生活にはかかわりのないものが増えるのだ。しかも、地域ごとの首長が葬《ほうむ》られたと思われる大きな墓から出土している、装飾品や威信財《いしんざい》が増えていく。

巴形《ともえがた》銅器、筒形《つつがた》銅器、紡錘車形《ぼうすいしゃがた》石製品、碧玉《へきぎょく》製の鍬《いしづき》(石突部分)だ。四世紀には、新羅の王の慶州《キョンジュ》の墓から、日本の前期古墳に埋納《まいのう》された石釧《いしくしろ》(緑色凝灰岩《りょくしょくぎょうかいがん》製の腕輪)が出土した。

朝鮮半島南西部の海岸地帯では、前方後円墳《ぜんぽうこうえんふん》(前方後円形墳)がいくつも見つかり、洛東《ナクトン》江《ガン》下流域の大成洞《テソンドン》遺跡(韓国・慶尚南道金海市)から、筒形銅器と玉杖《ぎょくじょう》の部分品の紡錘車形石製品や鍬、石製の鏃《やじり》が出土している。玉杖とは、儀礼に用いる杖だ。良洞里《ヤンドンリ》遺跡(韓国・慶尚南道金海市)では、銅矛《どうほこ》が出土している。

韓国の学者はこれらの遺物に関して、「起源は韓国側」と主張する例が多いが、そうとも限らないし、日本から朝鮮半島に伝わったものが少なくない。

前方後円墳にしても、日本では三世紀から六世紀末（あるいは七世紀初頭）にかけて造営されたが、朝鮮半島では五世紀後半から六世紀前半のもので、明らかに日本が先なのだ。日本列島が先か、朝鮮半島が先かを主張し合う前に、彼我の交流の歴史を考えておかなければならないと思う。

ちなみに、最初に見つかった韓国西南部の前方後円墳の場合、古くは近くまで海岸線が迫っていた。韓国の前方後円墳が、多島海に囲まれるようにして造られていたことは、注意を要する。この朝鮮半島西南部と北部九州のつながりは縄文時代から続いていて、この地域で大量に造られた支石墓《しせきぼ》は縄文時代の終わりごろ、済州島《チェジュド》を経由して北部九州にもたらされている。

弥生時代になると、小型の中国のものによく似た銅鏡が朝鮮半島南西部で作られ、西日本に広まっていった。古墳時代には、須恵器《すえき》の初期型のものは、やはりこの地域と共通する。「魏志倭人伝」に記された航路、金官《きんかん》伽耶（釜山）→対馬→壱岐→北部九州とは別に、朝鮮半島南西部（全羅南道）→済州島→北部九州のルートが想定できる（『海でむすばれた人々』門田誠一　昭和堂）。

鹿児島は縄文の海人の発祥地?

日本列島と朝鮮半島の間を、自在に往き来してきた倭の海人は、いつ、どこからやってきたのだろう。ヒントを握っていたのは、南部九州だ。

南部九州から、常識はずれの古い遺跡が、次々と見つかっている。たとえば、水迫《みずさこ》遺跡(鹿児島県指宿《いぶすき》市)からは、後期旧石器時代終末(縄文時代に入る直前の約一万五千年前。この時代は獲物を追いかけて移動する生活が続いていたと信じられていた)の竪穴《たてあな》住居跡や道路状遺構《いこう》、石器製作所、杭列《くいれつ》などが出土している。「定住化へ向かう集落」ではないかと疑われている。旧石器人は獲物を求めて移動生活をしていたと信じられていたから、これは大発見だった。

縄文時代に対する考え方を変えたのも、鹿児島県の遺跡だった。縄文人が海に出て、沿岸部の貝を採取し、漁撈を始めたのは縄文時代早期前半とされていたが、この常識も、鹿児島県の遺跡が覆してしまった。

縄文時代草創期から早期にかけて、鹿児島県霧島《きりしま》市周辺に、突発的に先進の文化が花開いていたことがわかってきた。それが、上野原遺跡(鹿児島県霧島市国分《こくぶ》)の発見で、縄文早期前葉《ぜんよう》に、すでに南部九州では安定した定住生活が始まっていたことを示していた。日本列島で、いち早く平底の土器（円筒形土器《えんとうけいどき》）が使われていたこともわかってきた。縄文時代早期の縄文土器は、底が尖《とが》っていた（地面に突き刺した）のである。

物質文化だけではなく、精神文化が発達していて、「早咲きの縄文文化」と捉えられるようになってきたのだ（『シリーズ「遺跡を学ぶ」０２７　南九州に栄えた縄文文化　上野原遺跡』新東晃一　新泉社）。縄文時代早期後葉《こうよう》には、この地域の土器の文化圏が中国・四国地方へ拡大していた。

上野原遺跡から計五十二棟《とう》の竪穴住居も出土していた。同時代に存在したのは十棟と見られている。日本最古最大のムラが九州にあったのだ。そして、燻製《くんせい》を作る炉穴《ろあな》（連穴土壙《れんけつどこう》）も作っていた。

幻の大陸スンダランドからやってきた海人たち

では、南部九州になぜ、最先端の文化が花開いていたのだろう。東南アジアの幻の大陸・スンダランドからやってきたのではないかとする説がある。

スンダランドはマレー半島東岸からインドシナ半島にかけて、寒冷期に実在した沖積平野《ちゅうせきへいや》で、地球規模の温暖化によって海水面が上昇して住める土地が減少していった。すると住民の一部が五万〜四万年前に北上し、東アジアや日本列島にたどり着いている。彼らが日本列島の旧石器人にもなった。さらに、ヴュルム氷期（最終氷期）が終わって海面がさらに上昇すると、スンダランドは水没を始めた。

小田静夫は、この時、スンダランドを脱出した人間の中に、黒潮に乗って直接日本列島にやってきて、南部九州に定住した人びとがいたのではないかと推理している（『遥かなる海上の道』青春出版社）。

証拠になるのが、拵《かこい》ノ原《はら》遺跡（鹿児島県南さつま市）から出土した鋭利《えいり》な磨製《ませい》ノミ、拵ノ原型石斧《せきふ》（丸ノミ形石斧）だという。

磨製ノミがあれば、外海を航海できる。丸木舟を外洋航海用に作ることが可能になる。それが一万二千年前ごろの薩摩《さつま》灰《ばい》地層の下から見つかっている。石を磨《みが》いて丸ノミ状にしたもので、丸木舟を作るための海人の貴重な道具だった。海人の分布域でもある宮崎県、長崎県、沖縄県でもよく似た石斧が見つかっている。

また、小田静夫は、この石斧は南方の黒潮の流域に広がっているため、スンダランドからもたらされたのではないかと推理したのである（前掲書）。大いにあり得ることだし、遺伝子的に蓋然性《がいぜんせい》は高い。

ところで小山修三は、伊豆諸島の縄文遺跡から土器や石鏃《いしぞく》、石匙《いしさじ》に交じって、犬や猪《いのしし》の幼獣の骨が見つかっていることを重視した。これは、ポリネシアやミクロネシアの人びとが島に植民する際の基本セットだった。さらに、ニワトリを加えれば完璧なセットになるという（前掲書）。

『播磨国風土記《はりまのくにのふどき》』賀毛《かも》郡《こおり》山田里《やまだのさと》の段に、興味深い記事が載る。日向の人（南部九州の隼人《はやと》）が船に猪を乗せたという話だ。

仁徳《にんとく》天皇の時代（五世紀？）、日向の人が、天照大神を奉祀《ほうし》した船の上

スンダランドの位置

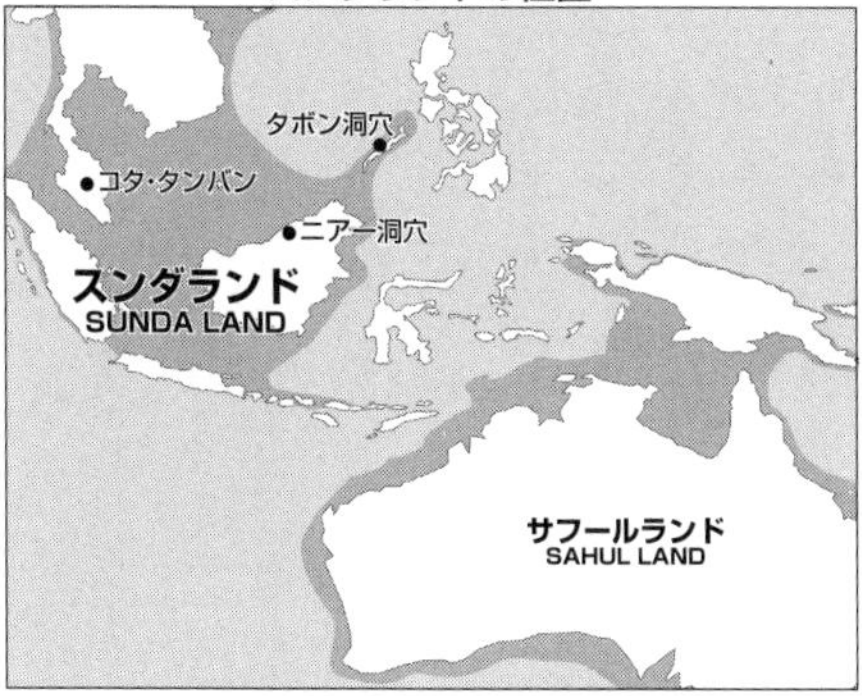

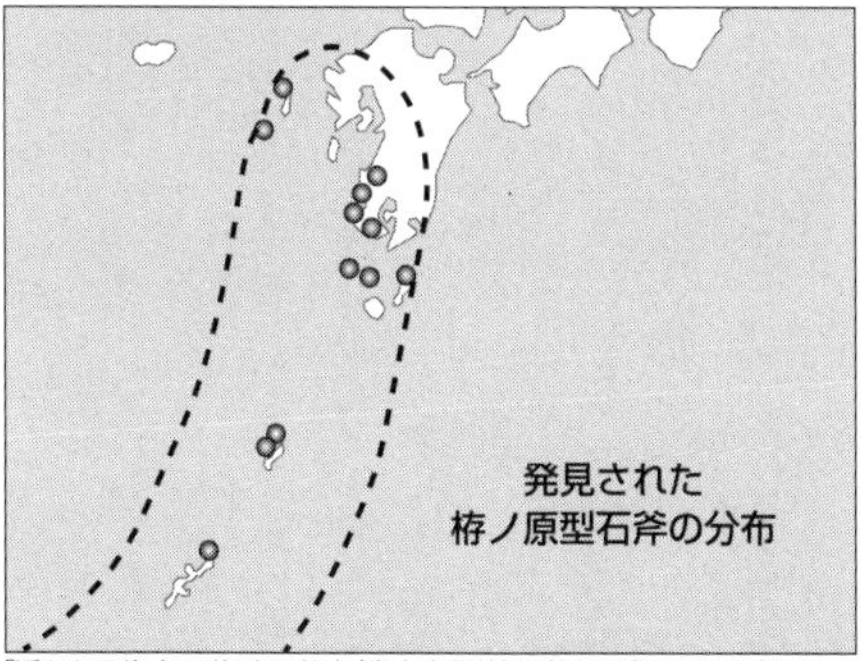

『遥かなる海上の道』小田静夫（青春出版社）掲載の図（P.21、P.83）を参照

に猪を乗せて進上してきた(猪を飼うべき場所を探していたのだ)。そこで、山田の里を下賜《かし》して、猪養野《いかいの》の地名が生まれた……。

日向の人とは、要するに海人の隼人だろう。海人が猪を船に乗せて、よその土地に出向いて、定住する時、食料(タンパク質)になる猪を連れて行ったという話は、無視できない。東南アジアの海人の習俗が南部九州にもたらされ、縄文時代から古墳時代に至るまで、継承されていた可能性が高いのである。

ただし、上野原遺跡は突然消滅してしまう。約六千四百年前に鬼界《きかい》カルデラの大爆発が起き、アカホヤ火山灰が降り注いだ。この火山爆発は巨大で、西日本の縄文社会に多大な影響を及ぼした。また、南部九州の縄文人たちは南方に逃れ、一部は日本列島に散らばっていったようだ。

倭の海人の原型は、この時生まれたのだろう。スンダランド沈没時、はるばる黒潮に乗って日本列島にたどり着いた南島の海の民は、せっかく安住の地を見つけたのに、火山の大爆発によって、逃げ惑い、日本列島各地に広がっていったのだろう。九州西岸から北西部や北部、壱岐、対馬、朝鮮半島最南端に拠点を構えていったにちがいない。

こうして、縄文の海人のネットワークは一万年の年月をかけて、形成されていったのである。九州北西部の人びとは縄文的と指摘されているし、『風土記』は五島列島の人びとの話す言葉は異質で、隼人と似ていると記録していた。

倭の海人は縄文的だったのだ。旧石器時代の終わりから縄文時代の始まるころ、スンダランドから日本列島にたどり着いた海の民が、縄文と倭の海人の先祖だったことになる。

小山修三は、彼ら縄文の海人が中国南部とかかわっていたのではないかと推理した。たとえば、江西省《こうせいしょう》仙人洞《せんにんどう》遺跡で出土した土器は、一万四千年前のもの（炭素14年代法）で、稲作発祥《はっしょう》の地とされる河姆渡《かぼと》遺跡も中国南部で、南部九州の縄文人たちは太平洋に展開し、彼我の間を往き来していたのではないかと考えた。

思いのほか中国南部との結びつきが強かった？

もうひとつ、ここで付け加えておきたいことがある。日本列島に朝鮮半島から大量の渡来人が押し寄せたというイメージが強いが、日本列島にはあって、朝鮮半島にはなく、華南にはあるという文化が、いくつもあることだ。

たとえば、「抜歯《ばっし》」といえば、縄文人の特徴的な習俗と思われがちだが、中国の山東半島でもやっていた。朝鮮半島には日本のような稲作文化とセットの高床《たかゆか》建築はない。だから稲作文化は中国（しかも華南）からもたらされた可能性が高い。ちなみに、対馬に稲作が伝わったのは、北部九州からだった。また、鵜飼《うかい》（漁法）も、朝鮮半島にはない。中国から西側にはある。ただし、少し違いがある。

日本は海鵜《うみう》を使うが、中国の鵜飼は川鵜《かわう》で「放ち鵜飼」だ。ほぼ昼に行なわれ、ここが夜行なう日本とは異なる。また、中国で鵜飼は、それほどポピュラーではない。

最古の日本の鵜飼を記録したのは『隋書』倭国伝で、「小さな輪（小環）を鸕（鵜）のうなじにかけ、水に潜らせて魚を捕らえさせ、一日百余尾《び》（頭）を得る」とある。

ちなみに、中国の文献に「中国の鵜飼」が登場するのは、十世紀以降のことだ。歴史が浅いわけではなく、特別盛んではなかったこと、関心がなかったということだろうか。

『隋書』の「日本の鵜飼にまつわる記事」が、やや驚きを交えて書かれているのは、無視できない。そもそも、日本の清流に生息する鮎《あゆ》と同等の香りと味を備えた川魚は、中国では滅多にお目にかかれなかったのだろうし、「どうしても食べたい」とは思わなかったのだろうから、苦労して鵜を飼い慣らして漁をするという文化は、広がらなかったのだろう（個人的な感想だが）。

『日本書紀』神武東征の段に、次の記事がある。

吉野（奈良県吉野町）から川（吉野川）を下り、西に向かうと、梁《やな》を設けて魚を捕っている人がいた。神武が問われると答えて、「私は苞苴担《にえもつ》（天皇に贄を献上する者）の子です」と言う。これは阿太《あだ》の養鸕部《うかいら》の始祖だ。

「梁」とは、木を組み立て並べて、水をせき止め、魚を捕る仕掛けだ。『古事記』には「筌」とある。これは竹製品を指している。鵜飼や竹をヤマトにもちこんだのは隼人だから、この説話は無視できない。隼人は南部九州の海人であり、南西諸島や中国南部につながる海の道を自在に往き来していた人たちだ。彼らが鵜飼の技術を東アジア世界で共有していたのだろう。

少なくとも「海人」の文化は、朝鮮半島から日本列島にもたらされたのではなく、南方の文化がもたらされたのだろう。さらに、その親和性から、南部中国と共通する文化圏を形成していた可能性が高い。朝鮮半島の場合、陸続きの北方の影響を受け、これが日本に流れ込んだということになる。

神武東征の真相

天皇家と縄文の海人をつなげるのは「隼人」と「鵜」と「ウチ」

倭の海人の正体がおおよそつかめてきたところで、ヤマト建国と天皇家の話をしておきたい。ヤマト建国時、海人が大活躍したからだ。ヤマトの王家を守り続けたのは、海人だった。海人の活躍がわからなければ、ヤマト建国の真相とヤマトの王の正体は、理解できない。そこで、天皇家と縄文の海人の関係に注目してみたい。両者をつなげているのが、「隼人」と「鵜」と「ウチ」である。

まずここで、神武東征説話に注目してみたい。先ほど触れたように、鵜飼が吉野川で「隼人らしい人びと」の手で行なわれていたことに関して、無関心ではいられないのだ。海人の文化が紀ノ川《きかわ》(吉野川)の上流の内陸部に伝わっていたこと。しかも、東アジアのみならず、世界中に広がっていた鵜飼の担い手が縄文的な隼人だったこと、さらに、神武東征説話とともに語られていたのは、なぜだろう。神武天皇が隼人の地・南部九州からヤマトに向かったという『日本書紀』の設定も、無視できない。

ところで、先ほどの神武東征で触れた「阿太」は奈良県五條《ごじょう》市（まさに、紀ノ川＝吉野川の吉野の西側）にある地名で、隼人（彼らも海人）とのつながりがある。「阿多《あたの》隼人」の「阿多」は鹿児島県西部の地名だ。その海人や隼人が、神武天皇とも強く結ばれている。くり返すが、神武天皇の母と祖母は、海神《わたつみ》の娘で、祖父は海神の宮を訪ねている。この人脈は隼人とも接点がある。

　これまで「おとぎ話」と括られ、ほとんど注目されてこなかったが、切り捨ててしまってよいのだろうか。面白いつながりが、奈良県五條市から見えてくる。

五條市は古くは宇智《うち》郡（五條市と大淀町《おおよどちょう》の一部）の行政区分だった。「ウチ」の地名はここと山城国にあって（山城国綴喜郡《つづきぐん》「有智郷《うちのさと》」。現・京都府八幡《やわた》市「内里《うちざと》」）。山城の「ウチ」は甘美《うまし》内宿禰《うちのすくね》（味師《うまし》内宿禰《うちのすくね》。第十五代応神《おうじん》天皇の時代の人）とかかわりのある場所だ。また、どちらの「ウチ」にも隼人が集住していたことで知られる。

　一方、五條の宇智郡は、味師内宿禰の兄・武内宿禰《たけしうちのすくね》との関係が取り沙汰《ざた》されている。ちなみに、味師内宿禰と武内宿禰は、腹違いの兄弟だ。また味師内宿禰の母は尾張系で、武内宿禰の母は紀（直）氏系だ。なぜ母の系譜を掲げたかというと、古代史を知るには、「母親の出自」が、非常に大切だからだ。

さらに余談ながら付け加えておくと、第十五代応神天皇の時代、武内宿禰は筑紫に派遣されていたが、味師内宿禰に「武内宿禰は謀反《むほん》を企《たくら》んでいる」と讒言《ざんげん》されてしまった。武内宿禰は殺されそうになったが、身代わりが現れ、命拾いすると都に戻り、盟神探湯《くかたち》（古代の神《しん》判《ぱん》）によって、武内宿禰の無実は証明されている。

それはともかく、武内宿禰とかかわりの深い五條市の五世紀前半の五條猫塚《ねこつか》古墳（方墳《ほうふん》）から、四方白《しほうじろ》の眉庇付冑《まびさしつきかぶと》が三個出土している。四方白とは、兜《かぶと》の装飾で、四方に鍍金《ときん》や銀の地板を据えている。五條猫塚古墳の兜は、金メッキ銅板を備えていた。最古の眉庇付冑で、朝鮮鉢《ばち》式冑の影響を受けつつも、オリジナリティを感じさせるものだ。

金メッキの眉庇付冑は、各地の豪族も所持していたが、森浩一は、海岸沿いや大河川沿いに多いことから、海の外に出て活躍した人たちのものだったという。さらに、眉庇付冑は「内（五條）の地域」で創案されたか、もっとも早く出現した（同じ意味だが）といい、朝鮮半島の伽耶でも数例の出土例があること、それらは、むしろ日本の眉庇付冑の影響によって作られたもので、彼我の緊密《きんみつ》な関係がわかると指摘している（『僕の古代史発掘』角川選書）。

その上で、五條と山城の二つの「内」が、どちらも内陸にありながら、大河川を通じて外洋とつながっていたとする。だからこそ、朝鮮半島における実際の戦闘の経験から、最先端の武器を必要とし、朝鮮半島の工人の技術に影響を受けつつも、新たな装備を創案した、というのだ。この森浩一の指摘は、興味深い。

天皇家と九州の鵜

なぜ、「鵜」や「鵜飼」、そして五條市や「内」と隼人の関係にこだわったかというと、天皇家の祖たちが、九州で「鵜」と密接にかかわってくるからだ。

ここで改めて思い出すのは、神武天皇の母と祖母が海神の娘だったという神話の設定だ。また、神武天皇の父親・鵜葺草葺不合命《うがやふきあえずのみこと》は名に「鵜」の一文字を冠《かん》する。

ちなみに『古事記』には、鵜葺草葺不合命の母・豊玉姫は、子を産む時、海辺の渚《なぎさ》に産屋《うぶや》を造り、鵜の羽で屋根を葺《ふ》いたが、葺き終える前に産気づいてしまったとある。鵜葺草葺不合命の名は、ここから生まれた。

ちなみに、八世紀（奈良時代）に至っても、天皇家と鵜の関係は切れていなかった。天皇家の寺・東大寺（奈良市）の二月堂《にがつどう》で行なわれる修二会《しゆにえ》（いわゆるお水取《みずと》り）が、鵜とかかわっている。

修二会でもっとも重要な行事は、若狭国《わかさのくに》の遠敷明神《おにゆうみようじん》（若狭彦神《わかさひこがみ》、若狭比売神《わかさひめがみ》）の祀られる地の音無川《おとなしがわ》の「鵜の瀬」から水送りをして、二月堂の若狭井《わかさい》に送り届けることだ。その由来を紹介しておく。

実忠和尚《じつちゆうかしよう》（良弁《ろうべん》の弟子《でし》）が修二会で神名帳《じんみようちよう》を読み、全国の神々を迎えた。ところが遠敷明神が遅れてしまい、お詫《わ》びに閼伽水《あかみず》を献ずることを約束した。すると、黒と白の二羽の鵜が飛んできて、盤石《ばんじやく》を穿《うが》つと、甘泉が湧《わ》き出たというのである。のちに閼伽井《あかい》にはお堂が建てられ、その屋根瓦には、鵜を象《かたど》った瓦がしつらえられた。

このように、東大寺のお水取りにも、鵜や海人の影が見え隠れする。

さらに、神武の祖父の山幸彦《やまさちひこ》（彦火火出見尊《ひこほほでみのみこと》）の兄の海幸彦《うみさちひこ》（火闌降命《ほのすそりのみこと》）は隼人の祖だった。ヤマトの王家と隼人が、神話の中で血縁関係にあったわけだが、これはいったい何を意味しているのだろう。なぜヤマトの王家の出発点で、「海」が密接にからんできていたのだろう。

海人と海人のネットワーク、そして、東アジアとの交流の歴史とヤマトの王家は、どのように関連してくるのだろう。

そこで、ヤマト建国について、説明しておかなければならない。詳しくは拙著『ヤマト王権と古代史十大事件』（ＰＨＰ文庫）、『神武天皇vs.卑弥呼』（新潮新書）に記してあるので、概要だけを述べておきたい。

強い権力の発生を嫌った人びとのヤマト建国

かつて、ヤマト建国といえば、富と武力を蓄えた北部九州勢力が東に進み、ヤマトを制圧したと考えられてきた。騎馬民族日本征服説も、一世を風靡した。王家は渡来系であり、天孫降臨神話は朝鮮半島から北部九州への侵攻で、そのあと東に移り、ヤマトは誕生したと信じられていたのだ。

しかし、考古学が導き出した答えは、意外なものだった。「富も権力も欲しない人びと」が暮らしていた近畿南部のヤマトに、三世紀初頭、突然宗教と政治に特化された都市が出現して、国の中心になってしまったのだ。第１章でも触れたが、それが纒向《まきむく》遺跡（奈良県桜井市）

で、周辺地域から多くの土器が集まってきた。土器の割合は以下のとおりだ。

東海四九％、山陰・北陸一七％、河内《かわち》一〇％、吉備《きび》七％、関東五％、近江《おうみ》五％、西部瀬戸内三％、播磨《はりま》三％、紀伊《きい》一％

埋葬文化も寄せ集められ、前方後円墳が生まれ、各地に伝播《でんぱ》していく（ヤマトの王＝ヤマト政権が造営を許可した）。独特の埋葬文化を共有するゆるやかな絆《きずな》、ネットワークが、こうして完成したのだ。

ちなみに、二世紀後半の日本列島は戦乱状態にあったと中国側の史料に記録されている。いわゆる「倭国大乱」だ。ところが、ヤマトに纒向遺跡が出現し、しばらくすると、ウソのように平和な時代が訪れたのだった。

無視できないのは、土器の割合を見てもわかるが、弥生時代後期に鉄器を蓄え、もっとも富み栄えていた北部九州が、ヤマト建国に参画していないことだ（理由は第4章で説明する）。その一方で、纒向に生まれた初期型の前方後円墳は、北部九州沿岸部に伝播している。三世紀の人の流れは、これまでの常識とは裏腹に、東から西なのだ。東海や近畿、山陰から北部九州に人が流れ込んでいた。その痕跡《こんせき》がはっきりと見つかっている。ここでいったい何が起きていたのだろう。

纒向出現直前の二世紀後半の勢力図は、北部九州から山陰地方、近畿北部、北陸、瀬戸にかけての「富み栄える地域(これに瀬戸内海の吉備が加わる)」があった。逆に近畿南部から近江、東海にかけては鉄器の少ない地域だった。

この、近畿南部から近江・東海の貧しい地域は、銅鐸《どうたく》文化圏でもあり、銅鐸が一メートル以上に巨大化するという特徴があった。地域の首長が威信財や富を独占するのではなく、集落全員の共有物にして祀っていたのではないかと考えられている。つまり、銅鐸文化圏は強い権力者の出現を嫌った地域で、纒向を構成した中心勢力が銅鐸文化圏の人びとだった。これは、驚くべきことだ。

纒向遺跡が奈良盆地の東南の隅に誕生していたのも、重要な意味があると思う。すぐ近くの初瀬川《はせがわ》の脇に最古の市場「海柘榴市《つばいち》」が営まれるようになるのだが、このあたりは、縄文時代から続く「東側の地域との接点」でもあった。ここを東に向かう陸路、交易の道が、すでに縄文時代には誕生していたのだ。その、交通の要衝が纒向遺跡で、ここに拠点を築いたのは、東側の高台から下りて来た人びとだろう。

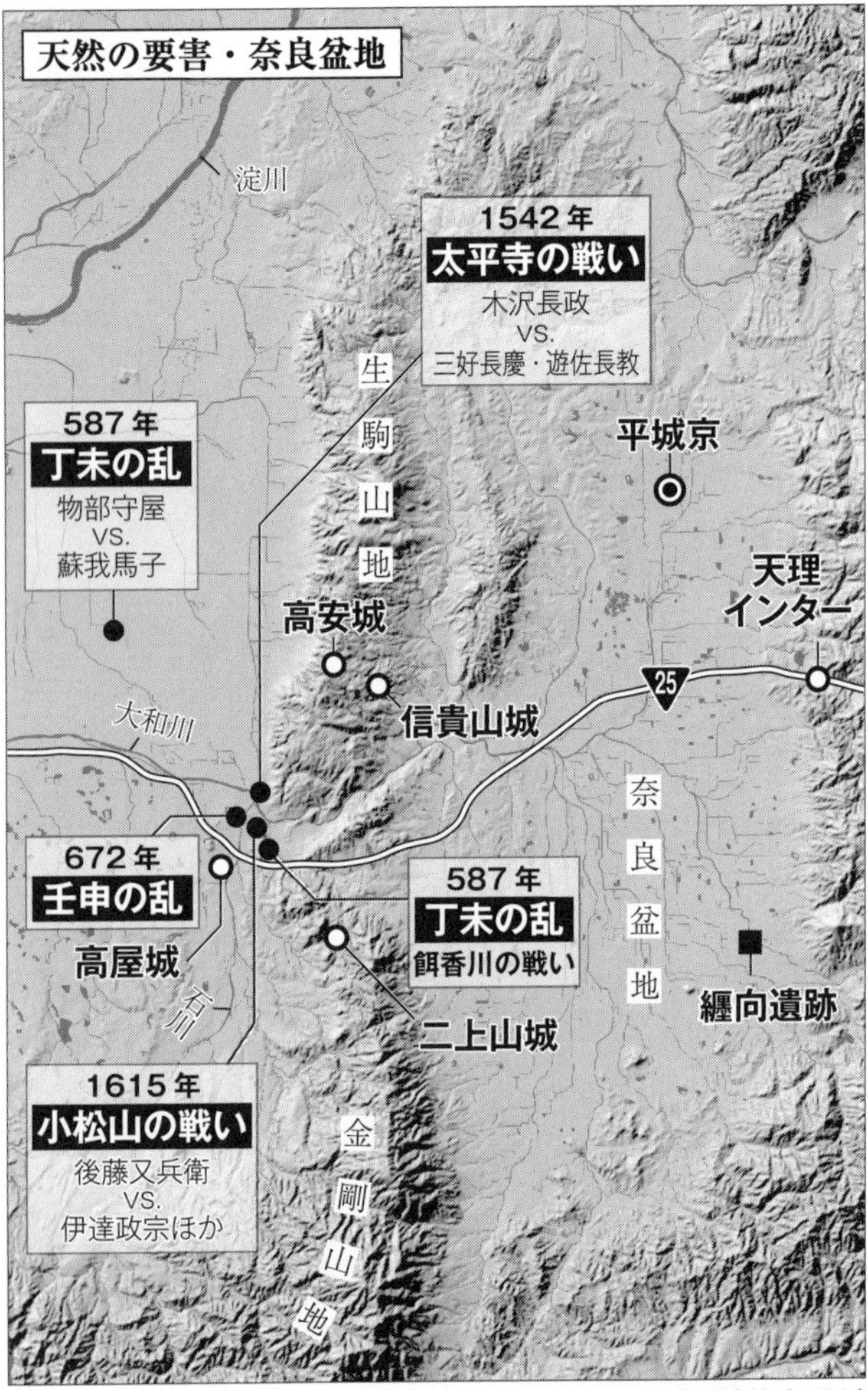

(国土地理院：陰影起伏図を加工して作成)　地図作成：齋藤 稔（株式会社ジーラム）

ヤマト建国の直前は倭国大乱の真《ま》っ只中《ただなか》にあったから、防衛を重視して、生駒《いこま》、葛城山系《かつらぎさん》を背にする河内に都を置く手もあった。この山系は、西の強敵から身を守る天然の城壁だったからだ。現実はそうならず、山系の東側の奈良盆地の東南の隅を選択している。東に救援を求められ、いざとなれば東側の山地に逃れられる纒向は、東側の勢力にとって、最適な都になったのである。

そう、ヤマト建国は、これまでの常識を覆し、「弱かった縄文的な東側の団結」によって生まれた可能性が高くなってきたのだ。

今でこそ近畿地方といえば、「日本列島の西側」と考えられているが、考古学者は、弥生時代のこの一帯は、「東の西のはずれ」だったと指摘するようになってきたのである。少なくとも、太古の奈良盆地は、「西にせり出した東」だった。

時代はさかのぼるが、弥生文化が西から押し寄せてきた時、奈良盆地の西南側の橿原《かしはら》のあたりに土偶《どぐう》が集められ、呪術が執《と》り行なわれていた。稲作文化をはね返そうとしていたようなのだ。

伏兵タニハ現る

なぜ、貧しい地域の銅鐸文化圏が、ヤマト建国の中心勢力に躍り出たのだろう。ヤマト建国という事件の真相を知りたい。まず、弥生時代後期（ヤマト建国直前）から、順を追って説明しよう。

北部九州は鉄器をヤマトに回さないように仕向けたのではないかとする有力な説がある。そのために、出雲を味方につけ、出雲は吉備とも手を組んだという推理だ。なぜ北部九州は、ヤマトを封じ込めようと考えたのだろう。

奈良盆地は西側からの攻撃に頗《すこぶ》る強い。逆に北部九州には、東側から攻められると守りにくいという地政学上のネックがあった。それが大分県日田《ひた》市の日田盆地で、筑後川《ちくごがわ》をさかのぼっていくと、渓流《けいりゆう》の先の高台に、日田盆地がある。東側の勢力にここを奪われたら、筑紫平野や北部九州沿岸部は、身動きがとれなくなる。

日田盆地も、西側からの攻撃に強く、東が脆弱《ぜいじやく》だ。このため、北部九州勢力は下流域の高《こう》良山《らさん》（福岡県久留米《くるめ》市）を防衛上の拠点にするが、だからといって、挟《はさ》み撃ちされ包囲されれば、もちこたえることは困難だっただろう。ちなみに、六世紀に北部九州で勃発した磐井《いわい》の

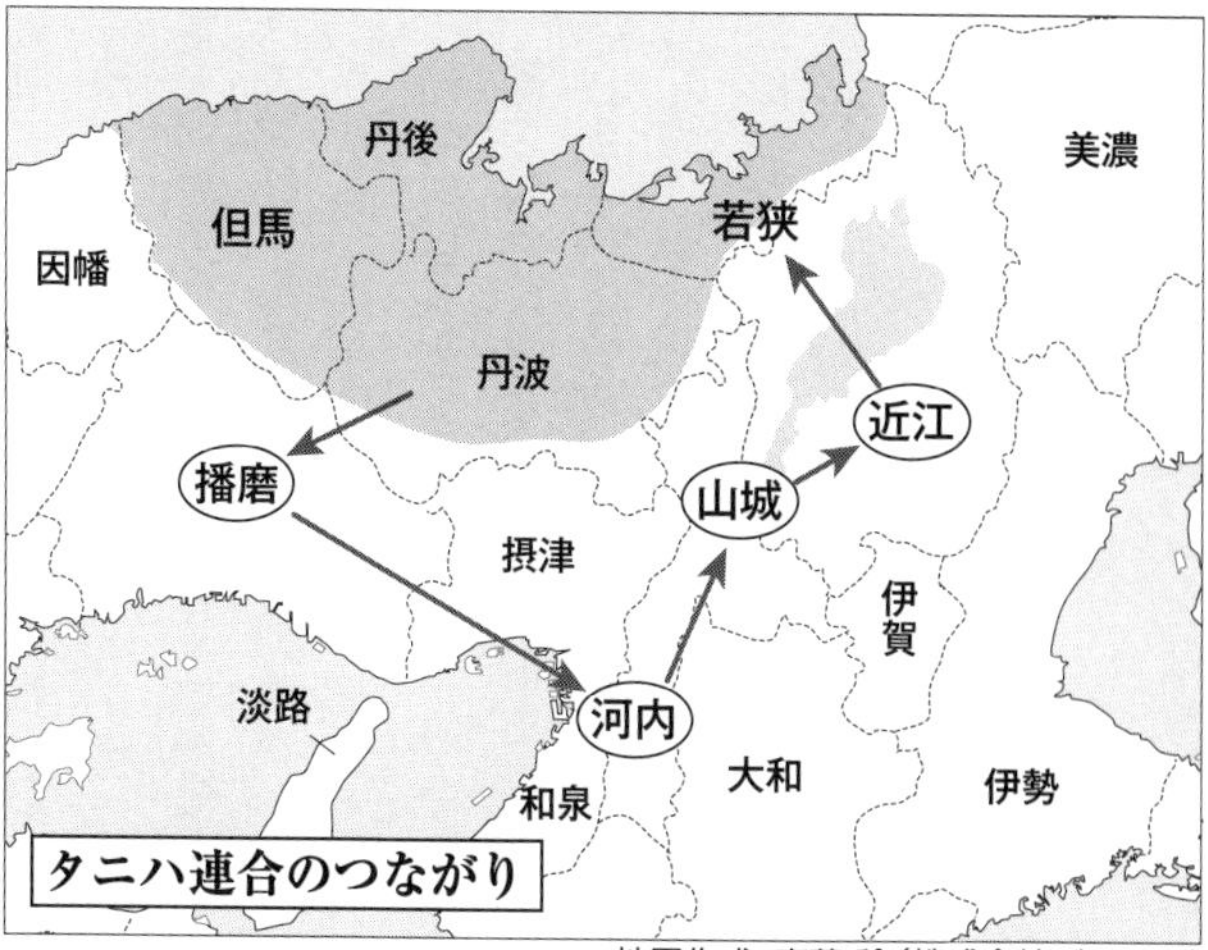

タニハ連合のつながり

地図作成：齋藤 稔（株式会社ジーラム）

乱（五二七）の最終決戦場が、高良山の麓《ふもと》だった。

また、纏向に人びとが集まる三世紀になると、日田盆地の高台に、政治と宗教に特化した環濠《かんごう》（環壕）集落が現れ、畿内と山陰の勢力が押し寄せている。

このように、北部九州は弥生時代後期に富み栄えたが、東の脅威に脅《おび》え続け、鉄を渡さず、絞り上げていったのだろう。

ところがここで、思わぬ伏兵が現れた。タニハ（但馬《たじま》、丹波《たんば》、丹後《たんご》、若狭）だ。出雲から東側の山陰地方や北陸にかけて、鉄器が大量に流れ込んでいたことが、しだいに明らかになってきたが、山陰地方の西側が北陸と手を結び、タニハの地域を挟み込んでいた。

これに対抗するためだろう。タニハは近江や東海、近畿地方に、文物を流しはじめ、近江と東海が急速に発展していったのだ。そして彼らが、オオヤマト（纒向とその北側の地域）になだれ込んでいった。これにあわてた山陰と吉備が、ヤマトに合流し、新たな潮流が生まれたのだ。そしてヤマト勢力は西に人びとを送り込んだ。北部九州の中心勢力のひとつ奴国に、ヤマトの拠点ができていたことは、考古学がすでに確認している。

問題はここからだ。これで、ヤマトが完成したわけではない。

記紀神話は、ヤマト建国の前史に、出雲の国譲りと天孫降臨神話を用意している。これまで、これらは「作り話」と信じられてきた。しかし、出雲と奴国がヤマト建国後に没落し、タニハの地域も衰退していたことは、考古学的にはっきりとしてきた。出雲を筆頭にした日本海沿岸部が軒並《のきな》み壊滅的なダメージを受けているとすれば、出雲の国譲り神話の真相が知りたくなる。

また、出雲に国譲りを強要した神は、経津主神《ふつぬしのかみ》と武甕槌神《たけみかづちのかみ》だったと『日本書紀』はいう。これらの神は物部系と尾張系なのだが、歴史時代に入っても、出雲をいじめるのは、物部氏と尾張氏だった。

物部氏の祖・ニギハヤヒは神武東征以前にヤマトに乗り込み、先住の長髄彦《ながすねびこ》の妹を娶り、君臨していたが、彼は吉備出身と思われる。物部氏の拠点である大阪府八尾《やお》市付近から、ヤマト建国前後の吉備系の土器が出土している。長髄彦は、纒向にいち早くやってきた東海（尾張）系だろう。

つまり、瀬戸内海（吉備）と東海（尾張）が山陰地方（タニハ、出雲）を追い詰めたという構図が見えてくる。そして、考古学が「確かに山陰や日本海は没落していた」と太鼓判を押す。ヤマト建国後に「瀬戸内海＋東海と日本海の主導権争い」が勃発し、「瀬戸内海＋東海」が勝利したのだろう。

おそらく出雲の国譲り神話は、何かしらの「歴史」があって、『日本書紀』編者はそれをおとぎ話にしてヤマト建国の真相にベールをかけてしまったということになりそうだ。

「なんのために？」

八世紀に『日本書紀』が編纂された時の権力者は藤原不比等《ふじわらのふひと》（中臣鎌足《なかとみのかまたり》の子）で、成り上がりだった。ヤマト建国時から政権の中枢を固めていた旧勢力をあこぎな手口で次々となぎ倒し、独裁権力を握りつつある段階だったのだ。

そこで、物部氏や蘇我《そが》氏たちの名門豪族の歴史とヤマト建国に果たした役割を歴史から抹《まっ》殺《さつ》するために、肝心《かんじん》な部分を神話にしてしまったのだ。

天孫降臨の意味

ならば、天孫降臨の意味を解き明かすことは可能だろうか。

天照大神の孫の天津彦彦火瓊瓊杵尊（以下、ニニギ）は、天上界（高天原）から高千穂峰に舞い下りたが、これは「作り話」であって、問題は「次の一歩」ということになる。それが笠狭碕（野間岬）で、すでに触れたように、ここは倭の海人や中国商人にとって大切なジャンクションだったのだ。そして、神話は「海神と結ばれていく天皇家の祖」へとつながっていく。

笠狭碕には、記紀神話とは別に、土着の説話が残されていたと野本寛一はいう。明治四十年生まれの「中村嘉二さん」の口伝を記録している。それを要約しておく（『古代史と日本神話』大林太良・吉田敦彦ほか　大和書房）。

野間岳の南麓の馬取山《うまとりやま》の下に大黒瀬《うぐろぜ》という小島があり、そこにニニギの船が漂着した。村人たちは薦《こも》と橙《だいだい》をさし上げた。ニニギは竹の杖をついて野間岳に登ったが、杖をついた場所が竹林となった。また、このあたりが海幸彦・山幸彦神話の舞台だった……。

野間半島（鹿児島県南さつま市）の先端、野間岬 ©時事通信フォト

野本寛一は、天上界から高千穂に降臨した垂直来《らい》臨《りん》型の神話を、ツングース系とみなした。大陸や朝鮮半島に多いこと、記紀の神話がまさにこれだが、笠狭碕で語り継がれてきた土着の神話は、海洋系・海人系で、水平来臨型神話だと指摘した。その上で、普通なら降臨後は肥沃《ひよく》で広大な地に降りていくはずなのに、笠狭碕のような狭隘《きようあい》な岬《みさき》に赴いたのは、「野間岳を一つの信仰核とする海洋系隼人への配慮であった」といい、「南九州に根強い勢力を張っていた隼人を王権下に従えるためには、天孫と隼人との系図統合が必要であった」と、推理している（前掲書）。

もちろんこの発想は、「神話は絵空事」ということれまでの常識を踏襲《とうしゆう》しているわけだが、ニニギが笠狭碕に船で漂着したと、神話にない独自の伝説に注目しているところが、大切だと思うし、こちらが本当にあったことなのだろう。地方の伝承をすべて信じるわけにはいかないが、だからといって、何もかもが創作というわけでもない。少なくとも笠狭碕の場合、神話よりも現地の伝承の方が、話に整合性があるではないか。

ここで問題となってくるのは、「天皇家と婚姻《こんいん》関係を結んだ海神を祀っていたのが奴国（福岡県福岡市周辺）の阿曇《あづみ》氏だった」ところにある。奴国はヤマト建国後に滅亡している。つまり、出雲やタニハとともに、「瀬戸内海＋東海」との主導権争いに敗れ、中心集落は滅んだのであり、本当の王家の（母方の）祖神《そしん》は「敗れた神々」だったことになる。

志賀島の金印や日田市から出土した金銀錯嵌珠龍文鉄鏡《きんぎんさくがんしゆりゆうもんてつきよう》は、どちらも後漢時代の至宝《しほう》で、奴国王が手に入れていた可能性が高い。それでいて、「王の墓に埋まっていない」「捨てるように埋められていた」のは謎だ。奴国の貴種たちが逃げる時に、「もどってきたら掘り返す」目的であわてて埋めたのではないかと考えられている。

奴国王は、婿殿《むこどの》（おそらく前述の主導権争いに敗れた日本海勢力の王で天皇家の祖）を守り、船を漕ぎ出したのだろう。

ならば、散り散りに逃げたであろう彼らは、どこに向かったのだろう。倭の海人を代表する彼らは、海人のネットワークに守られて、貝の道（九州西海岸）に沿って、笠狭碕に到達したのではなかったか。言い換えれば、天孫降臨とは、敗者の逃避行である。

敗れて来る日本海の鬼がヤマトの王に立てられた？

これまで、神武天皇が南部九州からヤマトに東遷《とうせん》（あるいは東征）したという話は、デタラメと考えられていた。天皇家の歴史をなるべく古く、なるべく遠くに見せかけるために選ばれたのが、南部九州だったというのだ。

しかし、笠狭碕は僻地ではないし、海人の拠点で、南西諸島と日本海、あるいは太平洋をつなぐジャンクションだった。そこに逃れた王家の祖が、やがて、満を持して東に移動したということになる。

問題は、敗れて零落《れいらく》した日本海の貴種（くどいようだが、ヤマトの王家の祖）が、なぜヤマトの王に君臨できたのか、ということだ。『日本書紀』や『古事記』の示すような「東征」は、史実だったのだろうか。

通説は、初代神武天皇と第十代崇神《すじん》天皇は同一人物で、崇神天皇こそ実在の初代王とみな

三輪山と大神神社の大鳥居 ©asuka-handy/PIXTA

している。また、二代から九代の王は実在しないと考えている（だから彼らを「欠史八代《けっしはちだい》」と呼ぶ）。

筆者は、初代と第十代は同一人物ではなく、同時代人であり、別人と考える。

その理由は、まず、崇神天皇の母と祖母が物部系だったことだ。おそらくこの人物の正体は、神武東遷以前からヤマトに乗り込んだニギハヤヒだろう。ヤマト建国後の主導権争いは吉備＝瀬戸内海のニギハヤヒが中心となって、日本海勢力を裏切り、倒し、恨まれ、祟《たた》られたのだろう。

その崇神天皇は、祟る神を恐れ、神の子を都に呼び寄せたと『日本書紀』は記録している。その神とは出雲の大物主神《おおものぬしのかみ》で、この神の子に祀らせたとある。人口が半減するほどの祟り（疫病）で、崇神（ニギハヤヒ）は困り果ててしまった。この祟る日本海勢力の大物主神の子こそ、神武天皇だったのではあるまいか。

大物主神を祀る大神《おおみわ》神社（奈良県桜井市）の御神体は背後の三輪山なのだが、山頂には高宮《こうのみや》神社の祠《ほこら》が祀られている。その祭神は日向御子《ひむかのみこ》で、通説はこれを「日に向かう」と見て、三輪山の太陽信仰から生まれた神と考える。しかし、それなら「日向神《ひむかのかみ》」の名でよかったわけで、「日向御子」と、聞き慣れない「御子＝童子《どうじ》」で呼ぶ必要はなかった。

太古の「童子」「若」「稚」は、「鬼」と同類と考えられていて、子供は鬼のように恐ろしい、鬼のような力をもつ存在と考えられていた。だから、「御子」＝「童子」の名をあてがわれた日向御子は「祟る恐ろしい神」か、あるいは「祟る恐ろしい神と対峙《たいじ》し鎮《しず》めることのできる鬼」を意味していたことになる。しかも「日向御子」は、東に向いているから「日向」なのではなく、「日向（南部九州）からやってきた恐ろしい子」の意味であろう。

要は、大物主神を鎮めるために連れて来られた大物主神の子が日向御子で、しかも神武天皇だったと考えると、矛盾《むじゅん》がなくなる。

つまり、神武以来のヤマトの王は、ヤマトに裏切られ敗れ、日向に逃れて零落し、ヤマトを呪《のろ》った者たちの末裔だったと考えればよかったのだ。

だからこそ、ヤマトで王に担ぎ上げられたあとも、実権は渡されなかった。権力を握っていたのは物部氏ら、神武東征以前にヤマト政権を形成していた首長（豪族）たちである。神武天皇やその末裔たちは、しばらく祭司王の地位に甘んじていたのだろう。

このように、ヤマト建国は複雑な過程を経て成し遂げられ、前方後円墳体制（古墳時代）に移行していったのだ。そして「流通」「水運」をめぐる主導権争いが勃発し、のちに両者は和解した。海人が再び歴史の主役に躍り出た瞬間でもある。

そして、ヤマト建国後も日本列島内、朝鮮半島、中国との間の交易を差配していたのは、縄文時代から大海原を駆け巡っていた海人たちであった。

日本の歴史は、海人が築き上げたといっても過言ではないのである。

第3章

なぜ日本列島は侵略されなかったのか

中国王朝や朝鮮半島とのかかわり

日本は征服されたのか

太古の日本列島は、征服されたのだろうか。あるいは、征服されなかったのか……。

第1章で述べたように、紀元前三世紀の徐福も「東に向かって、その地で王になった」と中国で伝わっていたが、実際には、ただの亡命者だった可能性が高かった。「ただの亡命者」に語弊があるとすれば、「かなり大掛かりな亡命集団」ということになるが、征服者ではない。

ちなみに、徐福が紀元前三世紀に東の海に漕ぎ出したこと、ちょうど弥生時代の始まりがほぼ同時期と考えられていたから、徐福のような人物が、日本に押し寄せ、稲作が普及し、日本の基礎が築かれたという発想につながっていったのだ。

しかし、すでに触れたように、弥生時代の始まりは、紀元前十世紀後半までさかのぼるのだから、日本の各地に稲作文化が広まり、水田がすでに営まれていた段階で徐福はやってきたことになる。したがって、徐福を征服王とみなすと、大きく見誤る可能性が出てきたのだ。

ただし、その後のめまぐるしく動き回る東アジア情勢を考えれば、大陸や半島に強大な権力者が出現し、日本列島に対し領土的野心を抱いていてもおかしくなかった。「一度も日本列島は蹂躙《じゅうりん》されなかった」という推理を確実にする証拠は、出てくるのだろうか。

一般的には、「日本は渡来人に征服された」と、いまだに信じられているように思えてならない。戦後の史学界を席巻した騎馬民族日本征服説はもはや証明できないとしても、「天皇家は朝鮮半島からやってきた」という発想が「共通認識」になってしまっている。筆者が「天皇は列島人（縄文人の末裔）」と言い出そうものなら、「考えが古すぎる」「偏った考え」と、失笑されるのがおちだ。

もちろん、純粋な縄文人の遺伝子を継承した人物など、どこにも存在しない。縄文一万年の間にも、多くの漂着民が日本列島に住んでいただろう。しかし、縄文一万年の間に築き上げられたネットワークと文化、習俗は、消えなかったし、今日にも、大きな影響を及ぼしていて、その象徴的存在が天皇なのだと思う。

なぜ中国文明は日本を飲み込もうとしなかったのか

たとえば、こんな話がある。上田篤は日本建築七不思議を掲げている。それを抜粋する（『建築から見た日本』上田篤＋縄文社会研究会　鹿島出版会）。

①幕末まで日本建築は木造だった、②家の中心に太い柱があった、③太い柱は屋根を支えていた、④屋根の下に土間があった、⑤土間の続きに板敷高床と囲炉裏《いろり》と神棚があった、⑥⑤の続きに座敷と縁側と庭があった、⑦二至二分《にしにぶん》には家人は庭で太陽を拝んだ……。

その上で上田篤は、近世に至る日本の民家は、「縄文のすまいと変わらない趣《おもむ》きを残している。見ようによっては縄文のすまいが今に生きている」（前掲書）というのである。

まったくそのとおりで、われわれは縄文文化の恩恵を今でも受けているわけである。つまり、「天皇は日本列島で生まれた」「天皇は縄文の末裔」と私が考えているのは、「王家の祖は日本語を話す人たちだった」からだ。日本語はすでに縄文時代には原型が完成していて、日本列島人は「日本語脳（それは縄文脳と言い換えることもできる）」によって、独自の文化と風習を守り続けてきたのだ。多数の渡来人が押し寄せたとしても、彼らの二世、三世たちは「日本語脳」をもった「日本列島人」になっていったのだ。感性はすっかり縄文的になっていったわけである。

革命的な侵略によって、信仰のみならず、言語も塗り替えられるようなことはなかった。文化と習俗は、塗り替えられていないのである。

そして、だからこそ、列島人は、穏やかな多神教的発想を保ち続けることができた。共存し、大自然の猛威《もうい》（神）にひたすら恭順《きようじゆん》する生き様を、守り続けることができたのである。

そこで改めて考えておかなければいけないのは、なぜ、日本は征服されなかったのか、ではなかろうか。

日本列島は海に囲まれていたから、朝鮮半島と比べれば、外敵の脅威は小さかった。しかし、万全だったわけではない。七世紀の白村江《はくすきのえ》の戦い（六六三）で、ヤマト政権は百済救援を画策し、唐と新羅の連合軍と戦い、壊滅的な打撃を被《こうむ》った。

しかも敗戦後、中大兄皇子《なかのおおえのみこ》（のちの天智《てんぢ》天皇）は、西日本各地に山城《やまじろ》を大急ぎで造り上げた。唐の威圧的な外交に縮こまったものだ。この時、日本は東アジアで孤立し、本気で唐が潰そうと思えば、滅亡していたかもしれない。ところが、新羅が朝鮮半島の独立を守ろうと唐に反旗を翻《ひるがえ》したために、中大兄皇子とヤマトは救われたのだ。

これは、例外中の例外だが、ではなぜ、長く続いた中国文明が、日本を飲み込もうとしなかったのだろう。あるいはなぜ、強大な騎馬軍団で中国の歴代王朝を震え上がらせた高句麗《こうくり》が、日本に攻めてこなかったのだろう。その理由はあるのだろうか。

そこでまず、東アジアと日本の「海を隔てた二つの地域の関係史」を、ひもといてみよう。

倭人の王の外交デビュー

『漢書』地理志（一世紀ごろ成立）に、弥生時代の日本の様子が記されている。「楽浪（中心地は現代の平壌《ピョンヤン》付近。中国と朝鮮半島をつなぐ航路の要衝。漢王朝の東方の前線基地。「朝鮮の民」を支配し、多大な影響を与え、朝鮮半島最南端まで、強く力が及んだ。倭人社会も、無関係ではなかった）海中に倭人がいる。分かれて百余国を形成する。定期的に、楽浪郡に使者がやってくる（夫《そ》れ楽浪海中に倭人有り、分《わか》れて百余国と為《な》す。歳時《さいじ》を以《もつ》て来《きた》り献見《けんけん》すと云《い》ふ）」

前漢の武帝は、紀元前一〇八年に朝鮮半島を支配し、四つの郡を置いた。その中のひとつが楽浪郡で、その後も朝鮮半島と日本列島に大きな影響を及ぼした。このため、いくつかの国に分かれていた倭人たちは、楽浪郡を通じて、漢にご機嫌伺《うかが》いをしていたわけである。

『後漢書』東夷伝には、建武中元《けんぶちゅうげん》二年（五七）に、倭の奴国が貢ぎを献上してきたので、印《いん》綬《じゅ》を下賜したとある。前述したように、これが江戸時代に偶然見つかった志賀島の金印だ（倭の奴国、貢《みつぎ》を奉じ朝賀《ちょうが》す。使人《しじん》自ら大夫《たいふ》と称す。倭国の極南界《きょくなんかい》なり。光武賜《たま》ふに印綬を以てす）。倭人の王が、外交デビューしたわけである。

このころ、朝鮮半島南部の鉄を取りに、濊《わい》・倭・馬韓の人びとが群がっていたとあり、奴国の海人たちも、こぞって進出していたのだろう。そして、富を蓄えた上での、朝貢ということになる。

水野祐は、後漢側にとっても、倭の朝貢がありがたかったと指摘している。朝鮮半島を支配する上で、さらに南方の倭人を懐柔し、いざという時に朝鮮半島に圧力をかけられると踏んでいたというのだ（『水野祐著作集　2』）。

ただし、後漢は衰退の一途をたどり、楽浪郡の力も弱っていった。ちょうどそのころ（二世紀後半）、日本列島も混乱の影響を受けていたようだ。『後漢書』東夷伝は「桓帝《かんてい》・霊帝《れいてい》のころ、倭国は大乱状態にあった」と記録している。「魏志倭人伝」にも、「倭国乱れ、相攻伐《こうばつ》すること歴年」とある。三世紀初頭には、遼東の豪族・公孫《こうそん》氏が後漢から独立し、楽浪郡の南部に帯方郡《たいほう》を置いた。

後漢は西暦一八四年の黄巾《こうきん》の乱（太平道《たいへいどう》信者の反乱だが、困窮《こんきゅう》した農民の戦いでもあった）を経て衰退する。「魏志韓伝」には、このあと倭と韓は、帯方郡に属するようになったと記す。西暦二二〇年に後漢は滅び、魏が生まれた。こうして、魏、呉、蜀《しょく》の三つの領域に分かれて覇を競っていくこととなる。『三国志』と邪馬台国の時代が到来する。また、魏は公孫氏を攻め、楽浪郡と帯方郡を手に入れた。

倭国の女王卑弥呼は、朝鮮半島に進出した魏にすばやく使者を送ったのである。

邪馬台国の戦略

改めて確認しておくが、ヤマトの纒向に人びとが集まりはじめたのは三世紀初頭のことで、ヤマトが国の中心となったのは、三世紀半ばから四世紀にかけてのことだ（絶対年代は確定していない。幅がある）。また、邪馬台国がヤマトと同一かどうかは、ハッキリわかっていない。

邪馬台国は二世紀後半から三世紀にかけて日本のどこかに存在した倭国の首都だ。邪馬台国は倭国の王が住む国で、卑弥呼と台与《とよ》（壱与《いよ》）の二人の女王が立てられたが、この間にも中国では、動乱が続き、勢力図はめまぐるしく変化していった。

西暦二六五年に、魏は晋（西晋《せいしん》）に変わり、二八〇年に南方の呉が滅び、晋が国土を統一すると、翌年十一月、倭人が来朝し、方物《ほうぶつ》を献上している。王の名は記されていないが、卑弥呼の宗女《そうじょ》・台与と思われる。

邪馬台国の二人の女王は、『日本書紀』に登場せず、中国側の史料に現れるだけだ。しかも台与は、このあと歴史からフェイドアウトしてしまう。行方がわからないのだ。ここにも大きな謎が隠されている。

倭国は北部九州と考えた方が理にかなっている。拙著『ヤマト王権と古代史十大事件』（PHP文庫）の中で述べたように、邪馬台国は北部九州の山門県《やまとのあがた》（福岡県みやま市）にあったと思う。奈良盆地にヤマトが出現したのは、富を蓄えた北部九州に対抗するためで、多くの人びとがヤマトに集結した。逆に窮地に立たされた北部九州は、朝鮮半島に進出してきた魏に、すばやく使者を送り、「われわれが日本列島を代表する邪馬台国（ヤマト）」と偽りの報告をして、卑弥呼は「親魏倭王」の称号を獲得してしまったのだろう。

江戸時代に本居宣長が唱えた「邪馬台国偽僭説《ぎせん》」の考えに近い。本居宣長は、「天皇が中国にへりくだるはずがない」という発想から偽僭説を思い浮かべたが、そうではなく、虎の威を借りることで、ヤマトを牽制《けんせい》する目的があったのだろう。親魏倭王の卑弥呼を倒せば、ヤマトは魏の敵になる。

また、この時北部九州は一枚岩ではなく、沿岸部の奴国と西隣の伊都国《いとこく》（福岡県糸島市と福岡市西区の旧怡土郡）は、それぞれがヤマトと邪馬台国、別々の勢力と通じていたと思われる。奴国はヤマトと手を組み、伊都国は邪馬台国と魏の間をとりもったのだろう。考古学は三世紀初頭にヤマトや山陰勢力が奴国周辺に押しかけていたことを突きとめているが、奴国はヤマトを北部九州に誘い入れた人たちだ。

「魏志倭人伝」には、奴国と伊都国の不仲、対立を暗示する記事が載っている。魏の使者が倭国を訪れた時、末盧国《まつらこく》（佐賀県唐津市周辺）に上陸後、陸路を経て伊都国にたどり着いたこと、その道が「前を行く人の姿が見えなかった」と報告している。獣道よりもひどい道を歩かされたのだ。この記事、なぜこれまで、「奇妙だ」と、騒がれなかったのだろう。

北部九州は朝鮮半島の鉄を大量に入手することで栄えた。もちろん、鉄の代償となる何かを輸出していただろう。つまり、この記事にある行程は、邪馬台国と朝鮮半島をつなぐ最大のルートだったはずで、それにもかかわらず、交易の道が「本当に歩けるのか」と訝《いぶか》しむほどであるはずがない。ここに大きな意味が隠されている。

伊都国と奴国は、「海の道」の終着点となる天然の良港を備えていたから栄えたのだ。とすれば、末盧国から伊都国まで魏の使者を歩かさなければならない特別な理由があったと考えねばならない。

答えは簡単だと思う。邪馬台国と伊都国は、ヤマトに通じていた奴国に、魏の使者の到来を悟られてはならなかったのだろう。奴国は海人の国でもあり、奴国の海人たちは伊都国や末盧国の近辺を普段から船に乗って往来していただろう。だから、魏の使者を船に乗せて末盧国から伊都国に連れて来れば、見つかってしまう恐れもあったのだ。

ならばこのあと、ヤマトと邪馬台国の関係はどうなったのだろう。

『日本書紀』は邪馬台国とヤマト建国の歴史を抹殺してしまい、他の話とすり替えているのだが、ここで説明している余裕はない。やはり、詳しくは他の拙著を参照していただきたい。ただ、勝利を収めたのはヤマトだったこと、邪馬台国にしろヤマト建国にしろ、九州を中心とした海人たちが暗躍し、鍵を握っていたということは間違いない。交易と外交とマツリゴト（祭祀と政治）に、倭の海人たちは、絶大な影響力を行使していたのである。

四〜五世紀の高句麗の動向

さて、このあと、四世紀に入ると、台与だけではなく、倭人の記事も、中国の歴史書から消えてしまう。そしてこののち、華北《かほく》では、非漢民族が次々に蜂起《ほうき》し、混乱が続いていく。いわゆる五胡十六国《ごこじゅうろっこく》の時代に入っていき、朝鮮半島では、この混乱に乗じて、北方の騎馬民族国家・高句麗が勢いを増し、南の地域（百済、新羅、伽耶）を狙いはじめるのだ。高句麗は、中国に強大な統一国家が誕生すると中国王朝と対立し、中国が分裂して弱小化すると、朝鮮半島に進出するという歴史をくり返していく。

ヤマト政権は三世紀後半から四世紀に誕生したあと（台与が歴史から消えたあと）、安定期に入り、かたや中国との交流は、しばらく途絶えている。

ところが、いよいよ四世紀末になると、高句麗が南下政策を採りはじめる。百済、新羅、伽耶は、これに対抗すべく、倭国の軍事力に期待していったのだ。

中国の吉林省《きつりんしょう》に広開土王碑《こうかいどおうひ》があって、高句麗側から見た倭国の様子が描かれている。広開土王は西暦三九一年に即位した高句麗の王だ。子の長寿王《ちょうじゅおう》が、父の業績を顕彰《けんしょう》するために、四一四年に石碑を建てた。碑文の内容を要約しておく。

百済と新羅はもと高句麗の属民で、朝貢してきた。ところが、三九一年に倭が渡海し、百済と任那（伽耶）と新羅を破り、臣民にしてしまった。そこで三九六年に広開土王は軍を率いて百済を討ち滅ぼし、屈服させた。すると三九九年に百済は倭と通じ、新羅にも倭人が溢れてしまった。そこで四〇〇年に、広開土王は歩騎五万を遣わし新羅を救援し、満ちていた倭賊を追い払い、任那に至り城を落とした。ところが、四〇四年に倭は帯方郡まで押し寄せて来た。広開土王は迎え撃ち、倭を破った……。

ちなみに、三九六年の高句麗の百済戦争に、倭軍は参加していない。倭は百済と一時的に対立していたらしいことが、『日本書紀』に記録されている。はじめは倭と百済は仲が悪かったとある。百済は中華思想になぞらえて、倭に上から目線で対応していたのだ。その様子が『日本書紀』の記事から見てとれる。しかし、高句麗の圧力を受け、背に腹は代えられなくなってしまったのだろう。百済はしだいに日本の軍事力をあてにするようになっていく。

ところで、広開土王碑は旧日本軍によって改竄《かいざん》されたのではないかと疑われたこともあった。現在では、この説は否定されているが、想像以上の倭の強さが記録されていたことは事実だ。負けたとはいえ、朝鮮半島南部の国々にとっては、頼りがいがあったし、敵に回せば手強《てごわ》い相手でもあったはずだ。

少なくとも、倭国（ヤマト政権）には、背後の憂いがない。また、相当数の兵員を輸送できるだけの海運力が備わっていたことや、朝鮮半島最南端の倭の同盟国・任那（伽耶）が、兵站の中継基地として十分機能していたことを物語っている。

中央集権化していくヤマト政権

西暦四二〇年に中国の南朝に宋が生まれると、倭王は官爵を求めるようになる。それがいわゆる倭の五王《ごおう》＝讃《さん》・珍《ちん》・済《せい》・興《こう》・武《ぶ》（仁徳《にんとく》［あるいは履中《りちゅう》か応神《おうじん》］、反正《はんぜい》［あるいは仁徳］、允恭《いんぎょう》、安康《あんこう》、雄略《ゆうりゃく》）で、『宋書』倭国伝に登場する。西暦四二一年から四七八年に至るまで、九回使者が宋に赴いた。倭王は官爵を受け、冊封体制に組み込まれたのだ。

ちなみに、この時、朝鮮半島北部の高句麗は中国の北朝＝北魏とつながっていた。百済は宋と北魏の南北朝両方に接近し、北魏には高句麗への出兵を要請したが、応じられなかったために、百済は北魏を恨《うら》んだようだ。

倭王は、徐々に高い官爵を獲得するようになっていく。最初の讃は「安東将軍倭国王《あんどうしょうぐんわこくおう》」と簡素なものだったが、高祖《こうそ》（宋の武帝）は、遠くからやってきた倭王讃を高く評価していたと、『宋書』倭国伝は記録している。

宋は高句麗と手を組む北魏と国境を接して対峙していて、朝鮮半島南部の国々や倭とつながっていくことが得策だった。だからこそ、倭王は官爵を求めていったわけだ。最後の王・武（雄略天皇）には、「使持節都督《しじせつととく》倭新羅任那加羅《から》秦韓慕韓《ぼかん》六国諸軍事《りっこくしょぐんじ》安東大将軍倭王」の称号が与えられた。また、ヤマトの王は「臣下にも称号を」と求め、実際に下賜された。ヤマトの王は政権内の権威づけに、外交を大いに利用したわけだ。

ヤマト建国当初は祭祀王の地位に甘んじていたヤマトの王だったが、五世紀後半の雄略天皇の時代に、ようやく力を持ちはじめていたと、通説も認めている。中央集権国家作りは、ここから始まったのだ。

ただし、雄略天皇は改革を急ぎすぎたようで、五世紀末には政局が混乱し、王統は途絶えてしまった。そこで越《こし》（北陸）から男大迹王《おおどのおおきみ》を連れて来た。これが継体天皇で、新たな体制作りが始まったのだ。

このあとしだいに蘇我氏が勃興し、実権を握っていく。ちょうどそのころ、中国では隋が国土を統一し、律令制度（明文法による統治システム）を編み出していった。ヤマト政権も新たな統治システムを模倣していくのだが、きっかけとなったのは、二回にわたる遣隋使だった。どちらも推古女帝の治政下の出来事で、第一回目は隋の開皇《かいこう》二十年（六〇〇）のことだった。長い歴史の中で本格的に直接中国文明に接するようになったのは、遣隋使と遣唐使を派遣するようになってからなのだ。

『隋書』倭国伝に次の記事がある。

倭王が都（長安《ちょうあん》。現代の西安市《シーアンシ》）に使いを遣わしてきた。文帝《ぶんてい》は倭の風俗を尋ねると、使者は答えた。「倭王は天を兄とし、太陽を弟としている。夜がまだ明けないうちに政殿にあぐらをかいて政治を行ない、太陽が出ると政務を取りやめ、あとは弟の太陽に任せます」と言う。すると文帝は、「此《こ》れ太《はなは》だ義理《ぎり》無《な》し（なんと馬鹿げたことを）」と、呆れたとある。そして、教え諭《さと》して、改めさせた。

文帝はあきれかえったというが、兄と弟の治政は、姉と弟のヒメヒコ制（二重支配体制）を説明しているのではないかと疑われている。王の姉や妹が神を祀り（神と結ばれ）、神から授かったパワーを王（兄や弟）に放射する。また、神の託宣《たくせん》を王に伝え、姉や妹が、王を守る統治システムだ。

確かに、隋の文帝には、時代遅れに思えたのだろう。しかし、このシステムには巧妙なカラクリが隠されていた。

ヒメは神から託宣を得てヒコ（王）に伝え、それが政策に反映されたが（神の意思という太鼓判を得た）、いつも神がかっていたわけではなく、ヒメの言う「神の言葉」は、時として、ヒコとヒメの実家（前の王のキサキの家）の意思でもあっただろう。つまり、豪族や貴族たちが外戚《がいせき》の地位を争ったのは、王に嫁《とつ》いだ娘の産んだ子を王にして、王を自在に操《あやつ》ることで実権を握るためであり、ヒメヒコ制とは、弱い王を担ぎ続けるためのシステムだったわけで、ヤマトの合議制の中心となる制度だったのである。

遣唐使と律令制度

もちろん、ヤマト政権は、この遣隋使のあと、律令制度の導入を急ぐことになるが、だからといって、中国の「強い王を中心とする統治システム」に切り替えることはなく、日本流の律令制度に組み替えていく。キサキの実家が実権を握り、貴族の合議組織（太政官《だいじょうかん》）を尊重する古いシステムは、日本的律令制度の土台になって残っていったのである。

ちなみに、遣隋使をめぐる大きな謎のひとつは、この第一回の遣隋使派遣が、『日本書紀』には記録されていないことなのだ。ヤマト政権にとって大きな外交成果とみなすべきだが、なぜ『日本書紀』は無視してしまったのだろう。

『日本書紀』は蘇我氏の輝かしい業績を必死になってもみ消していたのだと思う。第二回の遣隋使の記事も、蘇我系の聖徳太子が姿を現さないなど、不可解な記事が続いていく。

その第二回の遣隋使は、煬帝《ようだい》（文帝の子）の大業《たいぎょう》三年（六〇七）に、小野妹子《おののいもこ》が派遣されている。「日出《い》ずる処《ところ》の天子、書を日没する処の天子に致《いた》す、恙《つつが》なきや、云云《うんぬん》」という国書の文言は、あまりにも有名だ。隋の煬帝は蛮夷《ばんい》の礼儀をわきまえぬ国書に機嫌を損ねたというが、それでも裴世清《はいせいせい》を日本にさし向けている。第1章で触れた「秦王国」の話は、ここに出てくる。『日本書紀』の記事には、裴世清が大歓迎されたことが記されている。第一回の遣隋使から七年後のことだが、この間に法興寺《ほうこうじ》（飛鳥寺《あすかでら》）の堂々たる大伽藍《だいがらん》が完成していた。

遣隋使の時代のヤマト政権は、夢と希望に満ちた時代だった。ゆるやかな中央集権国家作りに、一丸となって邁進《まいしん》していたのだ。ところが、隋王朝は短命で、すぐに唐が出現する。

半島情勢は流動化し、ヤマト政権内部でも、乙巳《いっし》の変（六四五）が勃発していた。

『日本書紀』は、ここで一気に改革事業は進捗《しんちょく》し、律令制度はほぼ整ったと記録している。蘇我本宗家が専横をくり広げていたこと、中大兄皇子と中臣鎌足のコンビが「悪者退治をした（蘇我本宗家滅亡）」と主張しているが、『日本書紀』編纂時の権力者は中臣鎌足の子の藤原不比等だから、この記事をそのまま信じることはできない。

蘇我本宗家が滅びたことで、律令が完成したと大袈裟《おおげさ》に記録しているのは、事実を裏返し、「蘇我氏が改革を邪魔していた」と、印象操作したかったからだ。事実、律令が整備されるのは、大宝《たいほう》律令（七〇一）が完成した時点まで時代は下る。乙巳の変ののち即位した孝徳《こうとく》天皇は、律令制度導入に尽力したが、志半ばで崩御《ほうぎょ》（天皇の死）する。

これまでの常識とは異なり、乙巳の変で殺された蘇我入鹿《いるか》は、律令整備に尽力する側だった。反動勢力は、中大兄皇子と中臣鎌足で、中大兄皇子は蘇我氏に軽んじられていて、皇位継承を優位に進めるために、蘇我氏を潰した。中臣鎌足は親百済派で、百済救援に二の足を踏む蘇我政権に苛立《いらだ》っていた。ただ、蘇我入鹿暗殺に成功したものの、政権転覆には至らなかった。このあと即位した孝徳天皇は親蘇我派で、蘇我入鹿の遺志を継承したのだった。そして、唐との外交を重視し、遣唐使を派遣したのである。

蘇我入鹿の首塚

隋や唐から先進の文物を学び取ろうと考えたのは、蘇我氏だった。これを継承したのが親蘇我派の孝徳天皇である。ところが、これがトラブル続きだった。反動勢力の横槍が入ったのだ。反蘇我派は親百済派でもあり、百済の国益を守るため、日本と唐や新羅がつながることを恐れたのである。

このあと、日本と唐や東アジア諸国の関係は複雑にもつれていく。そこで、七〜八世紀の遣隋使と遣唐使に注目してみよう。日本が侵略されなかった理由は海が日本を守っていたからなのか、あるいは外交の力だったのだろうか。日本と東アジアをめぐるおおまかな歴史の流れをつかんだところで、遣隋使と遣唐使にヒントを求めてみようと思う。古代の航海術と外交の話である。

海で遭難しない海人の知恵と技術

遣唐使船はよく難破したイメージがある。唐から外洋に漕ぎ出し日本を目指した鑑真《がんじん》は、命を失いかけている。ならば、古代の航海は危険で、人びとは命がけだったのだろうか。その一方で、縄文時代から古墳時代にかけて、海人たちは闊達《かったつ》に、自由自在に大海原を往き来していた印象が強い。なぜ海人は命知らずだったのか。なぜ、遣唐使船はよく沈んだのか、大きな謎が浮かんでくる。

そこでまず、日本周辺の海と海人の話をしておこう。

海人には、身を守るためのさまざまな知恵があったようだ。

セイロン島（スリランカ）の船乗りは船に鳥を乗せて、嵐で陸地の方角がわからなくなってしまった時、鳥を放ってもっとも近い陸地の方角を知ったと、紀元前三世紀ごろの記録がある。

『旧約聖書』にも、鳥に救われる話がある。大洪水で漂流するノアの方舟《はこぶね》から、鳩を放って、進むべき方角を知ったというのだ。沖縄や奄美《あまみ》の伝説にも、鳥の霊が人を救う話がある。神武東征説話も、紀伊半島で道に迷った神武一行を、ヤタカラスが導いている。これも、海人と鳥の関係を暗示している。鳥は帰巣本能が発達しているし、上空に飛び上がれば、より遠くの陸地を見つけることができる。

「魏志倭人伝」に登場する倭人の習俗は、南方系に見えるが、倭の海人が南方のスンダランドからやってきたのではないかという話はすでにしてある。基本的に寒い地域の人びとは、好きこのんで海に飛び出そうとは思わないだろう。やはり、海に潜り、大海原に漕ぎ出したのは、暖かい地域の人びとだ。海で生き抜く知恵を、海人たちは蓄積し、その経験則が、伝えられていったはずだ。

ところで、太古の南方系の人びとが、黒潮に乗り、漂流や航海をし、日本にたどり着いていたと主張してきた数少ない学者に茂在寅男がいる。日本の学界（文化系）は、この南方説に冷淡で、過去の漂流、漂着の多くが北から南だったことを重視してきたのだ。

逆に、航海学専攻で理科系の出身である茂在寅男は、「文化系の学界における慣習や学派の流れ、あるいはそのしがらみなどを、まったく考慮せずに行動できる立場」にあるから、異論を吐くことができるというのだ。その上で茂在寅男は、『日本書紀』や『古事記』に、非常に多くの南方語が混入していると指摘した（『古代日本の航海術』小学館ライブラリー）。

この仮説は文献学からの評価を得ていないのだが、スンダランドに住んでいた人びとが寄り道せずにまっすぐ日本列島にやってきていたことは、遺伝子学が見事に証明している。すでに述べたように、南西諸島から南部九州まで、丸木舟を作るための石斧の文化圏も重なっている。南方系の海人の経験知に脱帽《だつぼう》するほかはない。スンダランドから一気に南部九州にたどり着いた勇気と操船術は、伊達《だて》や酔狂《すいきょう》ではない。彼らが、日本列島という新たな楽園を獲得し、東アジアを代表する海人になっていったのだろう。

日本近海は世界有数の難所

倭の海人が秀でていると思うのは、日本列島の周辺の海が世界でも有数の荒海で、それでも彼らは海に飛び出していったからだ。

たとえば津軽海峡は、現代でも世界の船乗りに恐れられているし、冬の日本海も、つねに荒れている。

九州島と朝鮮半島の間に横たわる玄界灘は、冬でなくとも波が高い。対馬海流（暖流）とリマン海流（寒流）がぶつかり合う海域で（環流も発生する）、潮の満ち引きが複雑にからんでくるからだ。また、朝鮮半島と九州島と対馬や壱岐が「海峡」のような地形になっていて、潮の流れを速めている。これら左右から流れ来る潮の流れが、高い波を作るのだ。だから、「灘（航海の困難な場所の意味）」の名がついているのだ。

筆者が取材を兼ねて沖ノ島（福岡県宗像市）に参拝した時は、「歴史的な凪《なぎ》」だと宮司さんがおっしゃっていたが、それでもけっこうな波をかぶった。

さらに余談ながら、明治三十八年（一九〇五）五月二十七日、日露戦争の日本海海戦の舞台は沖ノ島の沖合で、宗像大社の神官が沖ノ島の山の上から海戦を見守っていたという話も有名だ。

海戦が勃発する直前に、主席参謀の秋山真之《あきやまさねゆき》は「天気晴朗《せいろう》ナレドモ波高シ」と、打電している。この日は風が強いこともあって、波が高かったとされるが、すでに述べたように、もともと波が高い海域なのだ。倭の海人たちは、この荒れ狂う海を、難なく往き来していたことになる。

日本海では、冬場、猛烈な季節風が吹き荒れるが、台風も海の民にとって、脅威だった。夏至《げし》から四カ月の間にほぼ集中してやってくる。外海で台風に遭遇してしまえば、生きた心地はしないだろう。台風の恐ろしさは、急速に天候が悪化することで、昭和二十九年（一九五四）九月二十六日に青函《せいかん》航路（津軽海峡）で起きた洞爺丸《とうやまる》事故（死者・行方不明者千百五十五人）という悲惨な例がある。一瞬、穏やかな天候になって、台風十五号の目が去ったと錯覚して出航してしまったのだ。

日本近海の航海は、現代に至っても、難しいのだ。もちろん、古代の航海は、もっと危険だっただろう。だから彼らは、おまじないの力も借りた。時代はさかのぼり三世紀のことになるが、「魏志倭人伝」に興味深い話が載っている。持衰《じさい》だ。

倭国から使いが海を渡ってやってくるとき、いつも一人選んで、髪をとかさず、シラミを捕らず、服も洗わず、肉を食わず、女を近づけず、葬ったかのようにする。これを持衰という。もし航海が順調に終われば、持衰に奴婢《ぬひ》や褒美をやる。もし途中、病人が出たり暴風雨に巻き込まれたりしたら、持衰が悪いということになり、殺そうとするのだという。神頼みの人身御供《ひとみごくう》だ。

遣唐使の航路から見えてくるもの

なぜ遣唐使船は沈んだのか

当たり前のことだが、倭の海人にとっても、危険は隣り合わせだったのだ。ならば、遣唐使の時代に船が沈んだのは当然のことだったのだろうか。

船の構造も大きな問題だったかもしれない。中国の明代《みんだい》の日本研究書『籌海図編《ちゆうかいずへん》』に、日本の船にまつわる記述がある。それによれば、船底が扁平《へんぺい》なため、波を切ることができず、風で横に流されること、帆柱《ほばしら》は動くように支えていて、順風には対応するが、逆風の時は帆を下ろして漕がなければならないとある。

この記事が、遣唐使船のイメージとして定着していたのだが、宋代の沈没船が発見され、当時の船の構造がわかり、平安時代後期の『吉備大臣入唐絵巻《きびのおとどにつとうえまき》』等の絵画資料によって、遣唐使船の船底は尖り、帆も二本で、帆走も想像以上にスムーズにできたのではないかと考え

遣唐使船の模型（提供：船の科学館、展示：横浜みなと博物館）©時事

られるようになった。

もっとも、遣唐使船はやはり発展段階の船で、構造的に横波に弱かったようだ。中央付近から真っ二つに割れて遭難することが起きていた。割れたあと、前後（舳《へさき》と艫《とも》）が別々に浮かんでいたらしく、このことから、内部に小さな仕切り（壁）があったことも、判明している。外洋でも凪ならどこまでも行けただろうが、ひとたび嵐に遭えば、ひとたまりもなかったのだろう。

ここで、不思議なことがある。確かに遣唐使はたびたび遭難したが、それ以前の七世紀前半の二回の遣隋使は、平然と無事に、隋との間を往来していた。さらに朝鮮半島との間を、古代の海人たちは闊達に移動していた。海人の活動に、悲壮感はない。日常的に朝鮮半島との間を往き来していたことは、「魏志倭人伝」に「南北に市糴している」と書いてあることからも明らかだ。

なぜ、遣唐使船は何度も遭難していたのか、という謎が浮かびあがってくる。

まず第一に、見栄を張って大型の構造船を見よう見まねで作ってしまったことが、間違いの元だったと考えられる。経験則に裏打ちされていない、図体だけデカい船だ。それ以前の古墳時代の日本の船は、土台が丸木舟で、その上に構造物を乗せて艪《ろ》で漕ぐ「準構造船」だったから、安全だった。上部の構造物が破壊されても、丸木舟そのものは、絶対に沈まないからだ。しがみついていれば、助かる可能性が高かった。

遣隋使の時代は、準構造船で往き来していた可能性も高い。隋の黄河を往き来する巨大船を見て、「これは恥ずかしい」と、背伸びしてしまったのが遣唐使船ではなかったか。

第二に、航路の問題がある。遣唐使の航路には「北路」「南路」「渤海路《ぼっかいろ》」「南島路」がある。

北路は、朝鮮半島の西海岸を北上し、黄海を横断し、山東半島を目指すルートで、中国に向かうもっとも安全なコースだ。

南路は、五島列島から一気に西に向かい、長江河口域を目指す。

渤海路は、朝鮮半島の東海岸を北上し、渤海に上陸して、あとは陸路をとる。

南島路は、筑紫大津浦《つくしおおつのうら》（福岡市）から平戸、天草、種子島、屋久島《やくしま》を経由して南西諸島を

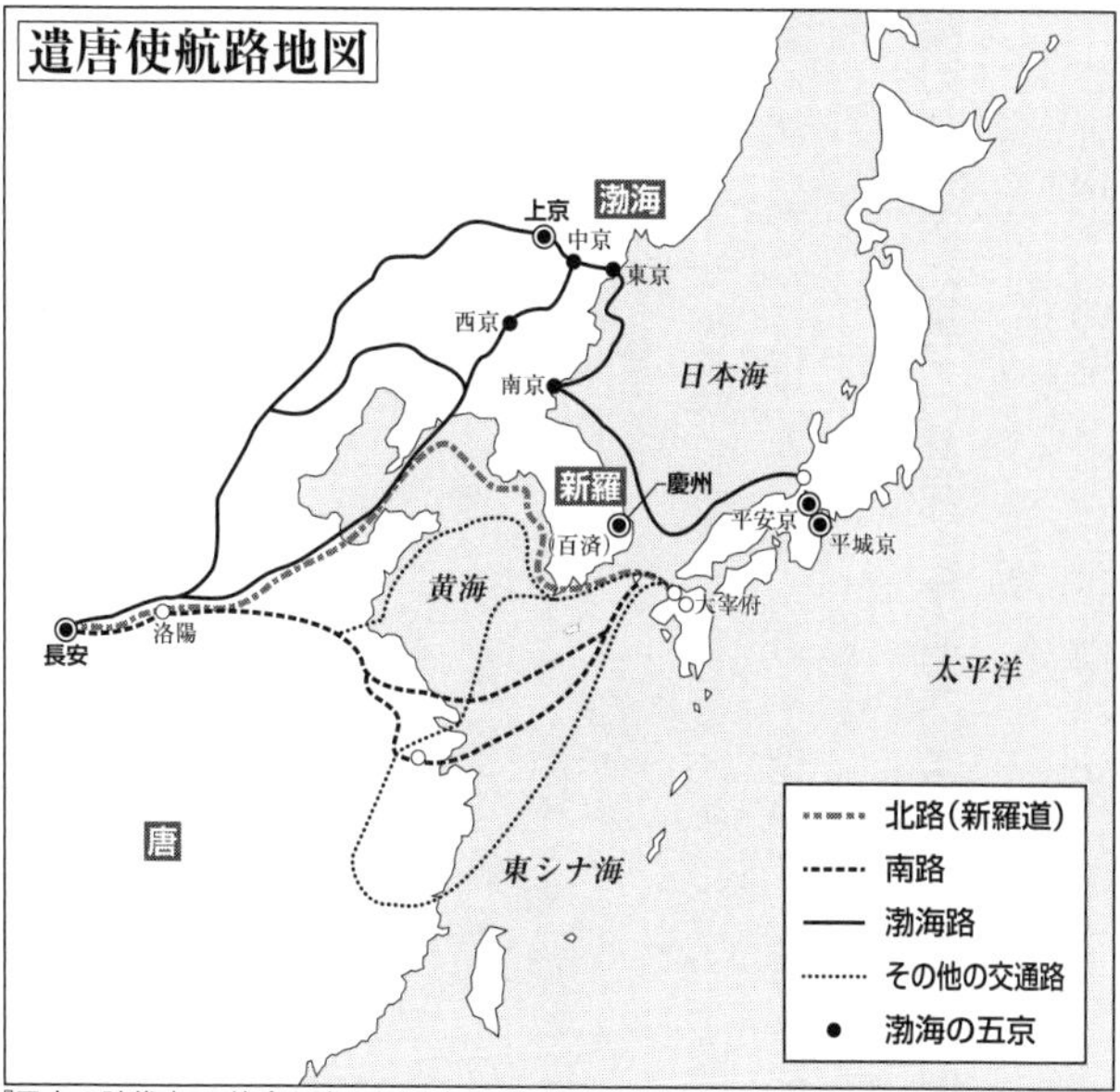

『日本の時代史4 律令国家と天平文化』佐藤 信編（吉川弘文館）掲載の図（P.59）を参照

経て東シナ海を横断し、長江河口域に向かうルートだ。

　また、遣唐使が南路を通るようになっていく時期について、『万葉集』巻一―六二の歌が参考になるとされている。大宝二年（七〇二）に出発した遣唐使船に乗っていた人物の歌の文言に「対馬の渡り」とあり、かつてはこの歌から「対馬から北路をとった」と考えられてきたが、巻十六―三八六九の歌の左注に、対馬は「肥前国松浦郡《ひぜんのくにまつらのこおり》美禰良久埼《みねらくのさき》（五島列島南端、福江島《ふくえじま》の三井楽《みみらくのしま》）」とあり、今日では、長崎市の対馬ではなく、長崎県南松浦郡の五島列島が有力視されている。

つまり、八世紀初頭に、遣唐使の航路は南路をとるようになっていたのだ。七世紀には安全な北路を経由していたが、八〜九世紀になって南路をとるようになったことがわかってきた。

なぜ七世紀には安全な北路を使っていたのに、八世紀になると、わざわざ危険な南路を横断していたのだろう。理由ははっきりとわかっている。七世紀後半に新羅が西海岸の百済の地域を手に入れたからだ。当時の日本と新羅は、仇敵《きゆうてき》だったから、朝鮮半島の沿岸部を通ることができなくなってしまった。それでも、唐とはつながっていたかったから、危険な南路を往来するほかはなかったわけである。

遣隋使が安全に彼我を往き来していたのは、北路をとっていたからで、対する遣唐使船がよく沈んだのは、危ないコースを進まざるを得なかったからだろう。

強引な中大兄皇子の遷都と孝徳天皇の打った最後の一手

遣唐使が北路をあきらめ、南路を選択するようになった決定的な事件が、『日本書紀』に記録されている。不思議な遣唐使の話で、ミステリーじみている。しかも、これまでほとんど注目されてこなかったが、重大な事実が隠されている。この時代の日本の複雑な外交史を読み取るためにも、ぜひ、知っておかなければならない。

その事件は、乙巳の変ののち即位した孝徳天皇（蘇我入鹿暗殺を目撃した皇極《こうぎょく》天皇の弟。皇極天皇から王位を譲り受けた）の最晩年に勃発している。

白雉《はくち》四年（六五三）夏五月一日、『日本書紀』に、遣唐使派遣記事が載る。

大使・吉士長丹《きしのながに》以下、総勢百二十一人が乗った第一船、続いて、別のもう一人の大使・高《たか》田首根麻呂《たのおびとねまろ》（またの名は八掬脛《やつかはぎ》）ら、百二十人が別の船に乗った。第一船の大使の吉士氏は、渡来系で水運や外交に活躍した一族だ。第二船の高田首氏も、高句麗系だ。

それはともかく、秋七月、第二船は鹿児島県沖で沈んでしまう。乗組員の中の五人は竹でイカダを組み、島にたどり着いて生き残ったが、途方に暮れてしまった。その後、朝廷は五人の中の一人、門部金《かどべのこがね》なる者を褒め、位を進め、賜禄があった（出世した）。

これで、事件が終わったわけではない。『日本書紀』に、この年「太子（中大兄皇子を指しているようだ）」が「倭京《やまとのみやこ》に遷りましょう」と進言したが、孝徳天皇は許さなかったとある。

難波《なにわ》の都（大阪市中央区）から飛鳥に移ることを勧めたのだ。

そこで中大兄皇子は、皇祖母尊《すめみおやのみこと》（孝徳の姉でこのあと即位する斉明《さいめい》天皇。蘇我入鹿暗殺現場に居合わせた皇極天皇でもある）以下、公卿《くぎょう》、群臣を率いて、強引に飛鳥に移ってしまった。

孝徳天皇は、窮地に立たされたのだ。もちろん、役人たち全員が飛鳥に移ってしまったという話は、『日本書紀』のでっち上げだろう。しかし、反動勢力が気勢をあげて、改新政府に揺さぶりをかけ、弱体化に成功していたことは間違いない。『日本書紀』には、このころの孝徳天皇の弱音が、歌になって残されている。

ただし、孝徳天皇は最後の一手を打ったようだ。翌白雉五年（六五四）二月、高向《たかむこの》（漢人《あやひと》）玄理《くろまろ》（以下、高向玄理。カバネの「漢人」は、朝鮮半島からの渡来系だが、中国から朝鮮半島に移ったと称している。高向氏は、河内の錦部《にしごり》の高向［河内長野市］の地名に由来する）を押使《おうし》（遣唐使全体を統率する役割）に指名して、遣唐使を派遣した。新羅は唐と同盟関係を結び、百済を挟み込んでいたが、日本側も、唐と接点をもとうとしたようだ。このあと触れるように、孝徳天皇は「親百済派＋反動勢力」に攻撃されていたからだ。

高向玄理らは数カ月の時間を要して、新羅道を経由して萊州《らいしゅう》（山東半島の北岸）にたどり着いた。さらに都に至り、天子に拝謁《はいえつ》した。その時、東宮監門《とうぐうかんもん》（諸門を警備する役人）が、日本の地理と国のはじめの神の名をそれぞれに尋ね、みな答えた。また、この記事に続いて、高向玄理は、唐で亡くなってしまったとある（原因不明）。『日本書紀』の割注《わりちゅう》には、「伊吉博徳《いきのはかとこ》が言った」という形で、次の説明がある。

唐で学問僧が一人死に、三人の僧が海で亡くなった。一人は新羅船に乗って戻って来た。天智四年（六六五）に劉徳高《りゅうとくこう》の船に乗って帰って来た人は、十二人だった。

この劉徳高の船は、白村江の戦いののち、敗れた日本を監視する目的で遣わされている。この船に乗って、十二人が帰還できたわけだ。

ここに、大きな謎が浮かぶ。この高向玄理や同行した学問僧たちの死に、事件性を感じてしまう。彼らは自然死だったのだろうか。疑念は、次々と浮かびあがってくる。

親百済派で反蘇我派の中大兄皇子と中臣鎌足には、高向玄理を殺す大きな動機があったと思う。その根拠は、高向玄理の活躍の様子を見てみればよくわかる。高向玄理は親蘇我政権の期待の星だった。

高向玄理と金春秋のつながり

時代を少し巻き戻す。推古十六年（六〇八）、高向玄理は第二回の小野妹子の遣隋使船に乗り、南淵《みなぶちの》請安《しょうあん》や僧旻《みん》らとともに留学している。小野妹子は裴世清を連れて帰国したが、高向玄理らは隋に留まった。滞在中に隋は滅び、唐の建国を目撃している。

高向玄理は旻とともに、舒明《じょめい》十二年（六四〇）に新羅経由で帰国すると、大化元年（六四五）に国博士《くにはかせ》に任ぜられた。隋と唐の二つの王朝で律令制度が整ったが、それをしっかりと学んで来た高向玄理らが、改革事業の中心に立ったのである。

外交でも活躍した。大化二年（六四六）に、遣新羅使に任命され、新羅から任那への調《みつぎ》を廃止し、その代わりに新羅から人質を差し出させることに成功している。翌年、高向玄理はその人質として新羅王子・金春秋《きんしゅんじゅう》（のちの武烈王《ぶれつおう》）を連れて帰国した。大化五年（六四九）には八省百官を定め、白雉五年（六五四）に先に掲げた遣唐使の押使として、唐の高宗《こうそう》に謁見したが、客死《かくし》した。

まず注目すべきは、蘇我氏全盛期（聖徳太子の時代）に隋に遣わされ、最新の知識を獲得することを期待されたことだ。蘇我入鹿存命中に帰国したが、乙巳の変による蘇我本宗家滅亡に遭遇する。しかし、前述したように、乙巳の変後に即位した孝徳天皇は、親蘇我派だった。高向玄理はこの親蘇我の孝徳政権で活躍していく。

彼の大きな業績のひとつは、金春秋を連れて帰って来たことだ。この時代、新羅は混迷していて、百済と高句麗の圧力から逃れることに必死だった。金春秋は日本との関係強化を画策していただろうし、日本から高向玄理が送り込まれたことをチャンスと見ていただろう。

ヤマト政権は長い間、親百済外交を展開した。しかし、蘇我系政権は反対に全方位外交を目指したため、百済は日本に対して「百済を救う政策を」と、働きかけ続けていた。おそらくその延長線上に、親百済派による蘇我入鹿暗殺がある。だから、高向玄理が遣隋使で送り込まれてから三十二年後に唐から帰国するとき、百済を避けて新羅を経由して帰って来たことも、ここに来て大きな意味をもってくる。敵対している国や勢力（具体的には百済）を頼るはずもないのだ。

また、高向玄理が金春秋と親交を結んでいたことも、重要だ。反蘇我派の記した『日本書紀』は、反新羅を貫いているが、来日中の金春秋に関しては、なぜか高評価だ。大化三年（六四七）の記事に、人質として来日した金春秋は、「容姿が美しく、闊達に談笑した」とある。人びとに好かれる性格だったのだろう。

彼は唐に派遣されたのちに新羅に帰国し、武烈王として即位すると、国を大いに発展させている。大人物だったことは、間違いあるまい。高向玄理と武烈王の人脈は、百済にとって邪魔で仕方がなかっただろう。その高向玄理が、唐に向かったとなれば、百済やヤマトの反蘇我派は、これを見すごすわけにはいかなかったはずなのだ。

遣唐使船をめぐるいくつもの不思議なこと

よくよく考えてみると、孝徳天皇が高向玄理を遣唐使船に乗せたことは、不可解だ。前年に、別の遣唐使が向かったのに、なぜ一年も経たずに、押使をさし向ける必要があったのだろう。

そもそも、前年の遣唐使には、二人の大使が任命されているが、これも不自然だ。最初に登場する（第一船の）大使よりも、次に記録された（第二船の）大使の方が、官位が上なのも奇妙な話だ。

さらに、高向玄理一行に対して、日本の地理と国のはじめの神をそれぞれ問いただしたという話も、謎に拍車《はくしゃ》をかける。唐は高向玄理たちを「彼らは日本の正式な使者なのか?」と、疑っていた可能性が高い。そして、その記事に続いて、高向玄理が亡くなったとある。その原因も記されていない。

一般には、高向玄理は唐で病死したと考えられているが、そんなことは、『日本書紀』のどこにも書かれていない。死因はあくまで不明なのである。まさかとは思うが、高向玄理は殺されていたのではないだろうか。学問僧たちがバタバタと死んだという話も、無視できないのである。

この事件のあと、孝徳天皇は亡くなり、反蘇我派で親百済派の中大兄皇子がいよいよ実権を握っていく。中大兄皇子は母親（斉明天皇。皇極天皇の二度目の即位で、いわゆる重祚《ちょうそ》）を担ぎ上げると、中臣鎌足とともに、百済救援に奔走する。これが白村江の戦いなのだが、第一船の人物群は、中大兄皇子や中臣鎌足と多くの接点があった。また、天智天皇崩御後は、天智系の政権下で出世していく。「天智系」といっているのは、天智天皇の娘の持統天皇と、中臣鎌足の息子の藤原不比等がタッグを組んだ政権だからである。第一船の人びとは、この天智系政権で優遇されていくのだ。

反蘇我派の中心的存在である中臣鎌足の子・定慧《じょうえ》が、第一船に乗船していたことも大問題だ。一般的には、蘇我入鹿暗殺の主犯格だった中大兄皇子と中臣鎌足は改新政府（孝徳政権）で大活躍をしたと信じられているが、『日本書紀』を読めばわかるとおり、中大兄皇子はほとんど仕事らしい仕事をしていないし、中臣鎌足は内臣《うちつおみ》に任命されながら、以後、政権内の活躍は、記録されていない。

それもそのはず、孝徳天皇は姉の皇極天皇とともに親蘇我派で、蘇我氏を滅亡に追い込もうとした中大兄皇子と中臣鎌足を重用するはずがなかった。だから、「中大兄皇子や中臣鎌足の人脈」が乗る第一船は、正式な遣唐使ではなかった可能性が高い。「工作船」だったことを、疑うべきではないか。

それだけではない。第二船の大使・高田首根麻呂の別名は「八掬脛」だったと『日本書紀』はいう。これは、明らかな蔑称だ。その上、「大使」だったのにいつの間にか「使人《つかい》」と呼ばれている。これも不自然だ。明らかに『日本書紀』は、第二船の高田首根麻呂を、敵視している。くどいようだが、『日本書紀』は中臣鎌足の子の藤原不比等が実権を握った段階で編纂されている。

そして、第二船は、秋七月に、鹿児島県沖で沈んでいるが、ルートが奇妙だ。第一船は、先に触れた危険な「南島路」を利用していた。

じつは、遣隋使と遣唐使の歴史の中で、南島路を利用したのは、この一回だけなのだ。ここに、大きな謎がある。

高向玄理と武烈王の絆を恐れた百済？

森公章は『遣唐使の光芒』（角川選書）の中で、第一船は北路をとったが、第二船は南島路の開拓にあたったと推理した。第二船は危ない航路を進んだから失敗したのだろうというのだ。しかし、位の高い大使の乗る第二船が危険な航路を開拓したというのも、奇妙なことだ。

この時、百済のロビー活動によって蘇我入鹿は殺され、孝徳天皇が百済を敵視していたとすれば、正式な遣唐使は第二船の方で、彼らは百済を経由しない新たな航路を開拓しようとして遭難してしまった。だから、孝徳政権は高向玄理をすぐさま送り出したのだろう。そして南島路が危険と知り、百済の沿岸部をひとっ飛びして（多少の冒険ではあるが）、新羅が統治する西海岸（楽浪郡の領域）を経由して、唐にたどり着いたのだろう。

この時、新羅の武烈王は唐と同盟関係を結んで、楽浪郡の統治を委ねられるようになっていたのである。新羅にとっては悲願だった西海岸の獲得に成功していた（唐に船で直接向かうことが可能になった）。高向玄理は百済側に狙われていただろうから、百済の海岸線を避け、直接新羅の西海岸に到達したか、あるいは、新羅の国内（陸路）から西海岸に出て、新羅の船で唐に向かった可能性が高い（これが『日本書紀』にいう新羅路だろう）。

すでに触れたように、武烈王は即位する前、高向玄理と親交を結んでいたが、「唐＋新羅＋ヤマト政権」の連合構想を立ち上げ、孝徳天皇も、晩年になって乾坤一擲《けんこんいってき》の勝負に出ていた可能性は高い。この密約を結ぶために、白雉四年（六五三）に遣唐使船がさし向けられていたのではなかったか。

これは百済やヤマト政権内の親百済派にとって、最大のピンチとなる。何がなんでも阻止しなければ、百済は東アジアで孤立し、滅亡するだろう。だからこそ、第一船（前述したように、政権側の正式な船ではない）を百済経由でいち早く唐にさし向け、第二船がたどり着いたとしても、これを殲滅《せんめつ》してしまうつもりだったのだろう。

ところが、第二船は鹿児島県沖で沈没してしまった。孝徳天皇はあわてて高向玄理を切り札として（安全な新羅路で）送り込んだが、例の第一船はすでに唐の皇帝に「われわれはヤマト政権の正式な使者」と信じ込ませていただろう。そして、次に来る者たちは、唐と新羅の関係を壊す「工作員」と吹き込んでいたのではなかったか。

それだけではない。第二船の乗組員の中で助かった人物が、褒美を与えられ出世していることも疑わしい。実は、第二船に潜り込んでいたスパイではあるまいか。第二船がやむなく南島路を選択したあと、船を沈める工作をし、犯人たちは助かり、のちに天智系の王家から褒美を頂戴《ちょうだい》したのだろう。

怪しい第一船の吉士長丹らは、白雉五年（六五四）秋七月に筑紫に戻って来る。この時、自力で帰って来たのではなく、「百済と新羅の送使」とともに帰って来たとある。自分たちの遣唐使船は、どこに行ってしまったのだろうか。

筑紫滞在中に、吉士長丹はその功績を褒められ、冠位を十三位から十位まで引き上げられている。異例の昇進だ。さらに、封二百戸が下賜され、呉《くれ》氏の姓が与えられた。普通、都に帰ってから、人事が行なわれるわけで、この記事も、謎めく。孝徳天皇と中大兄皇子が対立している時代であり、孝徳天皇の人事とは思えない。『日本書紀』編纂時の創作ではあるまいか。

また、高向玄理の周辺で多くの僧が死んだと報告した伊吉博徳は、反蘇我派の人脈に含まれていて、藤原氏とともに蘇我系政権を潰しに暗躍していく人物なのだ。

唐・新羅同盟とつながろうとした孝徳天皇

田中史生は『越境の古代史』（ちくま新書）の中で、小野妹子と隋に遣わされた恵日《えにち》（医学《いがく》生《しょう》。古代日本の医療制度を確立する）が、十五年後に新羅使の船で帰国したこと、恵日が新羅ネットワークを持ち帰り、唐・新羅のラインを重視する一派の動きが活発化していたと指摘し、孝徳政権は新羅との距離を縮めようと、高向玄理を新羅に派遣したと指摘した。

また、高向玄理も金春秋も混乱の時代を巧みに生き抜いた人物だと指摘した。高向玄理は新羅に派遣された時、新羅の内乱に巻き込まれているが、金春秋も、この内乱をくぐり抜けていた。金春秋は高句麗へ交渉に派遣された時、抑留され、唐とのハードな交渉をこなしていた。田中史生は金春秋を猛者《もさ》だったという。

緊迫する国際情勢に各国政治が翻弄《ほんろう》される現実を誰よりもよく知るこの二人は、今後の国際情勢や倭−新羅関係について、色々と意見を交換したに違いない（前掲書）

ただし、金春秋の働きかけは孝徳政権を動かすことはできず、倭に百済・高句麗との関係を破棄する覚悟がなかったとし、玉虫色の全方位外交を選んでしまったという。この結果、新羅は六五〇年、対高句麗・百済戦争に突入し、倭王権を見放したのだという。

なるほど、高向玄理と金春秋が、共通の認識をもち、ヤマト政権と新羅の将来を憂慮していたことは間違いないだろう。ただし、孝徳政権が新羅と距離を置き、高句麗・百済連合に与《くみ》しようとしていたかというと、それは違うと思う。

これまでの常識に反して、孝徳政権は親蘇我派であった。蘇我氏は確かに全方位外交を展開したが、百済のロビー活動が展開され、蘇我入鹿が暗殺された段階で、孝徳政権は「全方位」をやめ、百済を敵視するようになったはずだ。そう考えると、一連の遣唐使の意味が、明確に見えてくる。

孝徳天皇は全方位外交の可能性をあきらめきれなかったかもしれない。しかし、百済のやり口に、閉口していたのだろう。しかも、新羅は急速に成長し、西海岸を支配していた百済は、いよいよ疲弊していった。新羅は唐に接近し、孝徳天皇もこの流れに乗ろうと考え、だからこそ、反蘇我派、親百済派の強い反発を受け、追い詰められ、最後の切り札に高向玄理を唐に送り込んだにちがいない。

しかし、中大兄皇子ら親百済派は、百済の支援を受けて「工作船」を唐にさし向けた。唐でロビー活動を展開し、ウソの情報を伝え、正式な遣唐使だった高向玄理らを追い詰めてしまったのだろう。

大船団が日本を襲うことは可能だった

遣隋使や遣唐使にこだわったのは、まず第一に、古代の航海の実態を知りたかったからだ。中国から日本列島への航海は、不可能ではなかったことが、はっきりとした。

遣唐使の南路は危険だったが、それでも、もし仮に、運よく順調に航海できれば、五島列島から中国の海岸まで、十日で行けた（記録がある）。また、北路を使えば、かなり安全に中国にたどり着けたのだ。逆も同じで、中国の歴代王朝が朝鮮半島の海岸づたいに南下すれば、日本列島に普通に往来できただろう。

そう考えると、島国の日本とはいえ、侵略される可能性は皆無ではなかったことがわかる。遣唐使の航路と航海に関心を寄せたのは、この事実を割り出したかったからだ。何千年という歴史の中で、誰かが「大船団をくり出して海を渡り、日本列島を攻め取ってみたい」と考えたはずなのだ。

しかし、そのような事件は起きなかった。十三世紀の蒙古《もうこ》襲来、元寇まで、日本に大規模な遠征軍はやってこなかった。航海はできたはずなのに、なぜ日本は侵略されなかったのか。

北路を使った航海が現代人の想像する以上に安全だったとしても、大船団で九州島にたどり着いたとしても、日本列島を蹂躙できたかというと、話は別だ。一年のうち、安全に航海できる時期は限られていて、大軍団到着後、継続的に補給をしなければ、軍団は、干上がる（兵粮《ひょうろう》が尽きる）。日本は起伏に富んだ地形だから、上陸した騎馬軍団が一気に駆け抜けることもできない。補給がなければならないのは、そのためだ。

つまり、「定期的に航海できるわけではない」から、「海」は、抑止力になったわけだ。一度海が荒れれば、補給戦団は足止めをくらい、本隊もしばらく身動きがとれなくなり、退却もできなくなる。

それだけではない。大陸や半島と、普通に往き来できるとしても、だからといって、誰もが操船できるわけではなかった。普段畑を耕している人間に、いきなり「外海を航海してみろ」と言っても、尻込みするだけだろう。操船は特殊技能で、ここがミソなのだ。優秀な経験知を積んだ、「その海域の海底の地形と潮の流れと天候を熟知した楫取《かじとり》（水先案内人）」が求められた。日本海を突っ切るには、朝鮮半島の海人の協力が欠かせなかっただろうし、その人数には限りがある。

なぜ日本列島は侵略されなかったのか

そしてもうひとつ、忘れてはならないことがある。地政学上の問題だ。次の話がわかりやすい。

『新羅本紀』（『三国史記』）には、西暦二九五年の春、新羅王が倭の本土を討ちたいと表明し、臣下に意見を求めている。

「倭人がしばしば領土をかすめ取ろうとやってきて、百姓は安心して暮らせない。そこで百済と手を組んで、海を渡って討ちたく思う。どうだろう」

と言うのだ。しかし、新羅は海戦に不慣れなこと、冒険のような遠征をすれば、不測の事態が出来《しゅったい》し、危機を招く可能性があること、百済は偽り、つねに新羅を飲み込もうとしているから、百済と手を組むことはできないと、諫言《かんげん》した。これを聞いて新羅王も、納得したとある。

この一節は、非常に大きな意味をもっていると思う。新羅は朝鮮半島の東南部に位置し、東海岸に天然の良港はなく、海人の活躍もなかった。百済も、もともとは扶余《ふよ》族（騎馬民族）の支配下にあって、海の外に対する野心が乏しかったと思われる。

新羅が朝鮮半島を統一するのは七世紀後半のことで、それまで複数の国に分立していたのだった。四世紀末から五世紀にかけて、高句麗が盛んに南下政策を採り、新羅、百済、伽耶は防戦に終始していたことはすでに触れてある。この時、倭国は伽耶や百済と手を組んで高句麗と対峙している。

朝鮮半島南部の諸国にとって、日本列島は侵略する場所ではなく、「国境を接していがみ合う隣国との生き残りを賭けた死闘に引きずり込む（味方につける）相手」であって、遠征にうつつを抜かしている隙をつかれて、隣国に国土を蹂躙される危険があった。そのリアルな現実を、この記事はうまく言い当てていると思う。

ここで大切なのは、「船で渡れるから、日本を侵略したい」という発想は、朝鮮半島の人びとには芽生えにくかったということだ。

おそらく中国も同じだ。中国は油断ならない敵に囲まれていたのだ。だから、日本列島に対し、侵略の意思は芽生えなかったのだと思う。そのあたりの事情を、次章でも述べていこうと思う。

第4章

ユーラシア大陸と対峙する海洋文明の国・日本

中国文明の「循環」とは

多様な遺伝子を受け継いだ日本列島人

日本人は単一民族ではない。多様な遺伝子で構成された人びとの集合体だ。要は、ユーラシア大陸からはじき飛ばされた弱虫たちなのである。豊かな土地を追われ、混乱から逃れ、順番に落ち延びて来たのだろう。

けれども、縄文一万年の時空と日本列島の風土が、個性的で豊かな文化と穏やかな精神世界を、すでに完成させていた。渡来人たちは、新鮮な文化をもち来たり、列島人たちはこれを尊重したが、渡来人もまた縄文から続く空気の色に、染まっていった。

また、縄文からすでに、日本列島の海人たちは大海原に進出していた。弥生時代にかけて、南西諸島から朝鮮半島、日本海、さらに太平洋側の黒潮横断もやってのけた。この結果、列島内で文化と習俗を共有し、同じ言語を話すようになった。世界を見渡してもどこにもないユニークな縄文土器を焼き上げ、奇抜な土偶を作り、個性的な美的センスさえ磨いていったのだ。

日本列島には、「日本列島人」と大きく括ることのできる民族が生まれ、異色の文化圏が成立した。そして、弥生時代以降、古墳時代に至るまで、次々と流れ込んで来た人びと（渡来人）も、子や孫が縄文中期に基礎が確立していた言葉（日本語）を話すことによって、ユーラシア大陸の人びととは異なる感性を手に入れた。

こうして、「日本列島人（のちの日本人）」が誕生したわけだ。遺伝子は多様だが、文化と習俗、季節感と美意識を共有する民族である。

日本は巨大文明・中国の近くにあって、その恩恵を受けつつも、力で飲み込まれはなかった。冊封体制に組み込まれることもあったが、だからといって、強圧的な支配を受けたことはない。海に助けられていたのだろう。ただし、この好運はもはや二度と訪れないだろう。

海は強大な軍事力を運ぶ格好の「道」になってしまった。日本は今、かつての栄光を取り戻そうと躍起になっている中国に狙われ、かつてない危機に見舞われている。国民と領土を守るためには、巧みな外交と、有効な抑止力をもたねばならず、また、文化と伝統を守るための強い気概が求められる。それにもかかわらず、いまだに平和な時代の感覚が抜け切れていないのは、じつに危なっかしいし、このままでよいわけがない。

直近の課題は、ユーラシア大陸の東のはずれに突き出た中国といかにつきあっていくか、その最善の方法を模索することだと思う。そのために、日本の正体を知り、その上で、中国文明の本質を見極める必要があるだろう。

一度栄えた文明は、衰退する。ところが中国は、必ず不死鳥のように蘇ったのだ。それが、人類にとって、よいことなのか、悪いことなのかも含めて、「なぜ中国文明は滅びないのか」を、一度考えておく必要がある。

衰退しなかった中国文明という謎

中国文明は世界一だ。最古級で、もっとも長く続いている。文明国であり続けたことは、奇跡的なのだ。

文明は農耕とともに始まる。金属器を発明し、土地を耕し、人口が増え、近隣と農地や水利を争い、戦争が勃発する。すると武器が発達し、冶金が盛んになる。燃料になる樹木は伐採され、土地を開墾して森は失われていく。森林が消えれば、気候変動によって災害に見舞われ、干魃《かんばつ》や飢餓を引き起こす。戦乱と混乱によって、社会は疲弊し、土地は砂漠化し、文明は滅びていく。

ところが中国文明に限って、なぜか新たな王朝が勃興し、新たな技術が生み出され、戦争に打ち勝ち、強い権力が生まれ、文明は一層たくましく、刷新されていったのだ。そのくり返しによって、中国文明は続いていったのである。これは、人類の歴史の中でも稀《まれ》なことなのだった。

なぜ、中国文明だけは、しぶとく生き残ったのだろう。

中国北部の森は、ほぼ消滅した。起伏の乏しい平原になったから、ひとたび大軍団が攻め寄せれば、ぺんぺん草も生えないくらい蹂躙される可能性が高かった。しかも、周辺には遊牧民、騎馬民族が暮らしていて、彼らは、ことあるたびに、富を蓄えた中国文明に襲いかかり、収奪していった。万里の長城という非常識な構造物を造り上げたのは、戦闘的な異民族の襲撃が、いかに凄まじかったかを物語っている。

五胡十六国時代（四世紀初めから五世紀半ば）が、よい例だ。

この時代、漢民族は華南に王朝を開いていた。それが東晋だ。『三国志』の時代にさかのぼって、説明しておこう。

魏・呉・蜀のうち魏では、蜀の諸葛孔明《しょかつこうめい》と競い合った武将・司馬仲達《しばちゅうたつ》（司馬懿《しばい》）がクーデター（二四九）を起こし、実権を握るようになった。司馬仲達没後、息子たちが蜀を滅ぼし（二六三）、孫の司馬炎《しばえん》（武帝）が魏の王から禅譲《ぜんじょう》を受けた（二六五）。ここに、晋王朝が生まれ、司馬氏の同族が、地方の統治を委ねられ、封建されていく（それぞれの地域の王になった）。呉も併合され（二八〇）、統一国家が出現し、漢王朝の版図《はんと》が、再現されたのである。

ちなみに、すでに触れたように、このあと、倭国から、遣使があった。おそらく邪馬台国の女王・台与（壱与）と思われる。

南に逃れた漢民族

ところがここから、大きな問題が浮上してくる。北方の異民族（牧畜・狩猟民族）が万里の長城を越えて、南下しつつ、漢民族と入り交じり、場所によっては人口の半分が異民族という事態が出来したのだった。これは、曹操《そうそう》の魏の時代からの課題でもあった。ただし、多くの異民族は、漢人に支配され、農作業などに従事していた。

武帝亡きあと、息子・恵帝《けいてい》が即位したが、できが悪かった。これにつけ込んで、皇后の実家が実権を握ろうとしていた。皇后に街中の男性を代わる代わるあてがい、「皇后から始まる新たな王家」を作ろうと模索した。しかもこの時代、毎年飢饉が続き、人びとは悲惨な生活を送り、流民が発生していた。そして、各地に封建された領主＝王は「司馬氏（王家の親族）」だったから、彼らが立ちあがり、さらに権力闘争は激化した。これが八王《はちおう》の乱（二九一～三〇六）で、洛陽の都は荒廃し、皇后は殺され、恵帝も死ぬと、弟・懐帝《かいてい》が王位に就いた。

問題は、八王の乱に際し、各地の王が、華北で雑居していた異民族の力を借りたことだった。「五胡」と呼ばれた人びとで、モンゴル系の匈奴《きょうど》と羯《けつ》、トルコ系の鮮卑、チベット系の氐《てい》と羌《きょう》だ。彼らは、混乱に乗じて、蜂起した。そして、匈奴族の劉淵《りゅうえん》は国を立ち上げ、皇帝に立った（三〇八）。漢の帝室が「劉」だったことから、自らを漢王に擬した。子の劉聡《りゅうそう》は軍団をさし向けると、洛陽は陥落し、晋（西晋）は滅び（三一一）、華北は異民族の手に落ちたのだった。

これが、永嘉《えいか》の乱（三一一～三一六）である。

ここで、晋の王族の一人、司馬睿《しばえい》が貴族や軍団を率いて南下し、長江下流域のかつての呉の領域に移動した。司馬睿は晋王に立った（元帝《げんてい》）。東晋の誕生だ（三一七）。都は建康《けんこう》の名に改めた（現在の南京《ナンキン》）。いわば亡命人が建てた国だった。

山東の貴族・王導《おうどう》ら、北方からやってきた人びとが政権の中枢に立ち、捲土重来《けんどちょうらい》の気持ちをもち続けた。中国の再統一を夢見ていたわけである。

一方、華北では異民族の五胡の中から多くの国が分立し、競い合い、乱世を迎え、めまぐるしく興亡をくり返していた。十六の国があって、だから五胡十六国と呼ばれている。

まとめると、次のようになる。

後漢の滅亡後、魏・呉・蜀の『三国志』の時代に突入し、その後、晋（西晋）が国土を統一したが、すぐさま滅び、生き残りが南下して東晋となり、華北は五胡十六国の混乱期に入った。その後、南北朝時代を経て統一国家が誕生したのは、隋の文帝の時代（五八一）だった。すでに述べたように、統一王朝の誕生とともに、開皇二十年（六〇〇）、第一回の遣隋使が派遣された。その七年後に、第二回の遣隋使が向かった。

中国が分裂していると、それぞれの勢力が争い合い、朝鮮半島や日本を味方につけようとするが、中国が統一されると、今度は朝鮮半島に圧力が加わり、その影響が、日本にも及ぶのだ。とても簡単な力学である。

漢民族が心底恐れたのは異民族の侵略

朝鮮半島や日本列島にとっても、この漢民族をとりまく環境には、無関心ではいられなかったが、中国の歴代王朝も、朝鮮半島を重要視した。つねに楽浪郡や帯方郡を支配しようとしていたのは、騎馬民族国家・高句麗を挟み撃ちにする必要があったからだろうし、だからこそ、朝鮮半島南部や日本列島の加勢を強要し、求めたのだった。

つまり、世界でもっとも早い段階で冶金と農耕の文明を築き上げ、森を失った漢民族の関心（恐怖）は、北と西の高台に盤踞《ばんきょ》する遊牧民（騎馬民族）であり、彼らをいかに追い払うかに腐心《ふしん》したのだ。だから、「海の向こうの日本列島を侵略しよう」などという発想は、これっぽっちも浮かばなかっただろう。

漢民族は万里の長城という、「よくよく考えれば無用の長物」を、大真面目に（けれども一種の狂気にさえ見えるのだが）造り続けた。現実はどうなったかというと、何度も北や西から異民族は長城に押しかけ穴を穿《うが》ち、侵入してきて、定住してしまった。そしてついには国土を蹂躙されてしまった。多くの王朝が、異民族に悩まされ、滅んだ。それだけ、日々の暮らしの中で、異民族・遊牧民族・騎馬民族を恐ろしく感じていたのだろう。遊牧民といっても、

万里の長城 ©topic_sw/PIXTA

トルコ系の鮮卑もいたわけで、漢民族は西側の高台の向こうに、広大なユーラシア大陸の圧力を感じ取っていた。島国のわれわれには想像できないプレッシャーがあったことだろう。

とはいっても、後述するように、他民族の男性を根絶やしにしてしまった漢民族を弁護するつもりはない。森を失ったのだから、自業自得なのだ。そして、文明の民である漢民族は、恐怖心を「発展する原動力」にして、「けっして滅びない文明」を築き上げていったのだと思う。

中国の歴史を俯瞰《ふかん》すると、農耕民族（漢民族）と遊牧民族の葛藤《かっとう》と融合、遊牧民族の侵入と国土の分裂、そして漢民族による再統一と括ることができそうだ。漢民族は現代中国の人口の約九二％とされている。世界最大の民族だ。新石器時代から続き、黄河文明を築き上げた。五胡十六国時代に華南に移動した人びともいたが、結局、中国の大地から異民族を駆逐し、中心勢力になったわけだ。遺伝子的には、母から子に伝わるミトコンドリアＤＮＡは多様性に富むが、父から息子に伝わるＹ染色体のほとんどはＯ３系統である。これはどういうことかというと、戦争や侵略によって勝者になると、他民族の男性を皆殺しにしてしまったか、追い払ってしまったことを意味している。共存を拒否したわけだ。

ここに至り、やはり謎めくのは、異民族の侵入に苦しみながらも、やがて復活して、統一国家を作り上げていった漢民族の底力だ。その執念には、舌を巻く。

この、文明の勃興と異民族の略奪と侵略、漢民族の再起という歴史の中に、中国文明の謎を解くヒントが隠されていたのではなかったか。森を失った中国が長く文明を維持してこられたのは、ユーラシア大陸からやってくる異民族との葛藤と死闘があったからなのだろうか。万里の長城を造り上げるほどの恐怖心が、強い武器を生み出し、それが文明の基盤となるという「循環」が生まれたのだろうか。

中国文明が滅びなかった最大の理由

ただし、中国文明が滅びなかった理由は、もうひとつあると思う。ヒントは、中国の南側の江南地方（華南）に転がっている。

中国南部、江南地方は船の文化に彩られていて、ライバルだった呉と越は、春秋《しゅんじゅう》末期（紀元前五世紀の末）に、水軍で争っている。『史記』には、紀元前四七九年に、越が北方の呉を二千の水軍（水戦を習う兵）で攻撃したとある。対する呉も、水軍を備えていた。『越絶書《えつぜつしょ》』『太平御覧《たいへいぎょらん》』などの中国の文書から、呉の大小さまざまな船からなる船団の様子が見えてくる。大きい船では、長さ二七～三二・五メートル、幅が三・六～三・四二メートルあり、小さい船でも長さは二〇メートル強だという。楼船《ろうせん》という二階、三階建ての建物を乗せた船もあった。

中国南部の水軍は手強かった。

『史記』や『漢書』は、次のように記録する。越人は互いに争うことが多く、秦の時代から、北側の諸勢力は干渉しなかった。越は城をもたず町や村もない。入り江や竹林に囲まれ、水戦に慣れていて、攻め込んでも、とても勝てない……というのである。

ちなみに、漢王朝も巨大軍艦を保持していたようで、朝鮮半島に出兵した際、戈船《かせん》（戦闘用の船）将軍や楼船将軍が水軍を指揮し、五万人を率いて渤海湾を渡っている。「南船北馬」を当てはめれば、なぜ漢王朝に水軍が存在したのか、不思議に思う。

伊藤清司は『倭と倭人の世界』の中で、楼船将軍が五万の兵を率いる前に、「斉（山東半島）」の七千人の先発隊が朝鮮半島に向かっていた事実に注目している。「山東半島の周辺の沿岸でもやはり古くから水軍、あるいは船の文化というものがかなり発達していた」という。漢が南の越を攻めたことがあって、やはり斉の水軍が参戦している。徐福も、このあたりから船団を率いて東に向かっている。南方の船の文化は、このあたりまで広まっていたのだ。

また伊藤清司は、もうひとつ興味深い考えを述べている。確かに漢には大船団を擁した水軍が存在したが、基地は南方の長江の中流域や支流に集中していて、海の港は、あまり多くなかったといい、中国は「内陸文化を基調にして発展した国」であり、水軍は重視されたが、それは内陸用（河川）の水軍で、外海で活躍する水軍は、重視されていなかったというのである（前掲書）。

異民族の圧迫を受け、しばしば漢民族は、江南地方に逃げ込んだ。そこには騎馬民族にとっては不慣れな大河が流れ、強い水軍が待ち構えていたのだ。それ以上に、水田と森が広がり、豊かな大地が広がっていた。漢民族は長い間、江南地方に逼塞《ひっそく》し、隋や唐がようやく統一国家を生み出したあとも、江南の富を頼っていたという。中国の北側から森は消えたが、江南地方には豊かな緑が残り、ここで漢民族の文明は、復活したのである。

見直されてきた長江文明

ところで、かつて中国文明といえば、北側の黄河文明を指すことが常識だった。歴史上の中国の政治の中心も黄河中流域（中原《ちゅうげん》地方）にできあがった。だから、長い間、南側の長江流域は、未開の地と考えられていたのだ。しかししだいに、長江文明の存在が、明らかになってきた。温暖湿潤なこの地で一万年以上も前に稲作が始まり、約六千三百年前に、中国最古の都市型集落が誕生する。それが、城頭山《じょうとうざん》遺跡（湖南省常徳《じょうとく》市澧《れい》県）で、面積は一〇万平方メートルある。中国最古の城壁も備えていた。高さ四・八三メートル、幅が五〇メートルもある円形の城壁だ。直径は三六〇メートルある。その外側には、幅五〇メートル、深さ一〇メートルの環濠が見つかっている。さらにその外側、直径一〇〇〇メートルの土塁《どるい》状《じょう》の微高《びこう》地《ち》があり、こちらが遺跡の範囲と思われる。

花粉分析の結果、森に囲まれた都市だったことがわかっている。今は少数民族となった人びとが、稲作を始めたのである。

長江文明の危機は、約四千二百～四千年前の気候変動だった。寒冷期が訪れたのだ。世界の文明もこの時、危機に瀕したが、民族移動が活発化して、北方の畑作牧畜民（漢民族）の人口増とともに圧迫を受け、長江流域先住の人びとはこの地から追い出されてしまった。漢民族は金属器で勝り、優位に立ってしまったようだ。

安田喜憲は人類の文明史に、「畑作牧畜型」と「稲作漁撈型」があって、前者は黄河文明を築いた人びとの「森と水の循環系を破壊」し尽くすものといい、後者は長江文明を築いた人びとの「森と水の循環系を守りながら生きる」文明だと指摘している（『長江文明の探究』監修稲盛和夫　梅原猛・安田喜憲共著　写真竹田武史　新思索社）。

北の儒教と南の老荘思想（道教）

春秋戦国時代（紀元前七七〇～紀元前二二一）の思想家で儒家《じゆか》の始祖となった孔子《こうし》は、山東省付近（華北）で生まれた。孔子の教えは漢民族に支持されていく。一方、道教の始祖で孔子の同時代人の老子《ろうし》は、南側で生まれている。中国ではこの混乱の時代に、諸子百家《しよしひやつか》が登場し、哲学の黄金時代を築いている。その中でも倫理と政治の哲学である孔子の儒教は、長く中国の正統な学問の地位を確立したのだった（共産党が政権をとるまで）。これに対し、老子に加えて荘子《そうし》の教えを加えた老荘思想は本流を形成することはなかったが、その後、道教が興り、不老長生の術へと変化していった。

孔子の儒教が中国の北側、主流に支持されていったのに対し、老荘思想が南側で生まれていたことは、じつに興味深い。

芸術的直感で老荘思想の本質を言い当てていたのは岡倉覚三《かくぞう》（天心《てんしん》）で、荘子は「儒教の制度習俗を嘲《あざけ》っている」といい、儒教の「共同社会主義」に対する老荘思想の「個人主義的反動」を分け、さらに、老荘思想を「南方の精神」「南方中国人の天性の自由と複雑さ」と、喝破《かっぱ》している。

春秋戦国時代に、中国では才能ある詩人も登場しているが、多くは南方から出現している。たとえば、陶淵明《とうえんめい》がそうだ。岡倉覚三は、陶淵明の詩的霊感を、「揚子江精神の所産であって、魂の表現を常に自然の中に求めている」と指摘する。また、「儒教の聖賢たちの着実な努力によって老荘思想は根絶やしにされそうになったが、「揚子江の深林に住む未開の民は、この原始的遺産の守護者となり、魔法呪術の魔性の物語を喜んだ」と、見破っていたのだ（『茶

の本　日本の目覚め　東洋の理想　岡倉天心コレクション』ちくま学芸文庫）。

この岡倉覚三の指摘は、無視できない。中国文明はなぜ長続きしたのか。なぜ滅びそうになっても、復活したのか。それは森を失い、異民族に圧倒された漢民族が、華南に身を寄せ、そこで活力を見出し、新たな文明へのステップを踏んだということだろう。北方の漢民族は、自身とは異なる発想や思想、文化に接し、刺激を受け、さらに森や水辺の中で生活することで、生きる力を得ていったにちがいないのである。

桑原隲蔵《じつぞう》は淮河《わいが》の北側の黄河流域（北支那《しな》・華北）と南側の長江流域（南支那・華南）に文化や治世、気候のあらゆる面で大きな差があること、古代の「純支那人＝漢族（漢民族）」の根拠地は北支那に限っていたこと、自ら「夏」「華」と称していたことを指摘している。また、中国の歴史は漢民族の南進の歴史で、南方の非漢族もしだいに漢族化していったという。さらに、人口や文化や富という点で、南が北を凌駕《りょうが》していたと指摘している。また、北は「大陸中国」、南は「海洋中国」と指摘した（『桑原隲蔵全集 第二巻　東洋文明史論叢』岩波書店）。

中国文明が滅びなかったのは、南に森林が残っていたからだ。しかし、復活した漢民族が「南方的」になることはなかったのである。

中華思想とは何か

明治維新後の日本は「脱亜入欧《だつあにゅうおう》」をスローガンにして近代化を目指した。アジアの一員であることから脱却し、欧米側に近づき、西洋文明を取り込もうと考えたのだ。離れられた中国は、いまだにこのことを恨んでいるという指摘がある。今でも日本人が「脱亜入欧」の意識をもっていることを批判的に見て、糾弾しているらしい。日本という夷狄《いてき》がいなくなれば、「中華」の面目が立たなくなるというわけだ。

横山宏章は、アジア的価値観を捨て、西欧的な価値観を求める日本の姿勢を、中国は嫌っているというのである（『中華思想と現代中国』集英社新書）。

しかし、近代日本がアジアとの訣別《けつべつ》をスローガンにする以前に、すでに古代の列島人は、「中国のようにはなりたくない」と考えていた節がある。「日本は中国とは同じではない」と、気づいていたのではなかろうか。中国から多くのものを学びながら、そのものになったわけではなかった。日本人は必要なものだけを中国文明からすくい取っていったのだ。

日本はなぜ中国の文物をそのまま受け入れなかったのだろう。古代日本は中国のような文明国になりたかったのか、それとも、違う中華を目指したのだろうか。

「中華思想」は、古くから漢民族が意識した思想だ。文明と文化が発展し、西周《せいしゅう》のころ（紀元前一一〇〇ごろ～紀元前七七一）から、四方の異民族（主に遊牧民）に対して、優越感を抱きはじめたのだ。秦や漢の時代には、思想として定型化されるに至り、自身の領域が世界の中心と考え、「夏」「華夏」「中華」「中国」と自称し、周囲の文化の遅れた地域の人びとを夷蛮《いばん》戎狄《じゅうてき》（四方の野蛮人。東夷、南蛮、西戎、北狄）とみなし、蔑視した（華夷思想）。これが中華思想と呼ばれるものだ。

漢民族が世界に冠たる文明を築き上げ、これを維持していたことは間違いないから、優越感を抱くのは、当然だったかもしれない。

また、中華思想の特徴は、漢民族が優秀だから、僻遠《へきえん》の地の者でさえ、華夏の徳を慕って来朝して来るにちがいないと考えたことで、頭を垂れて来た人びとは歓迎する（冊封体制に組み込む）というものだった。

さらに、野蛮な夷狄も、礼や道義性を高めれば、漢民族のようになれると考えた。華夏の一員として受け入れようという「寛大な考え」である。時には、夷狄であろうとも、聖人と称《たた》えられることもあったのだ。

ただし、逆に中華思想に従わない者たちに対しては、自尊心を傷つけられた分、排撃的になり、徹底的に叩きつぶそうとした。

これに対して朝鮮半島では、歴代中国王朝に従属しつつも、「中華に隣接する小中華であり、その外側に夷狄が盤踞する」と考えるようになった。だから、朝鮮半島から見れば、より遠い位置にいる倭（日本）も、朝鮮半島諸国よりも下と考えるわけだ。

列島人の向かうべき道

小中華帝国になった日本

同様の発想（小中華思想）は、日本でも生まれていたのではないかとする説がある。とすれば、古代日本列島人も、文明に憧れていたのだろうか。たとえば、日本側は、朝鮮半島を下に見ていたという。そのひとつが、「帰化」をめぐる問題だ。

石母田正は、八世紀初頭に完成した日本の律令制度の中で、対外意識は①夷狄、②蕃国《ばんこく》、③隣国の三類型に類別されたと指摘している（『日本古代国家論　第一部』岩波書店）。「夷狄」は夷人雑類《いにんぞうるい》で、東北の蝦夷《えみし》や南部九州の隼人たち、列島内の教化に従わない人たちだ。「蕃国」は、朝鮮半島諸国を指す。もともとは高句麗、百済、新羅を外蕃とみなし、のちに統一された新羅を見下すことになった。「隣国」は大唐・唐国《からくに》で、中国王朝を指す。この律令の規定の中に、「日本版中華思想」が見られるというのである。

古代日本は、中国に朝貢する東アジアの中のひとつの国であったが、一方で朝鮮半島の諸国を朝貢国として隷属させようと試みた。「複合的な支配・被支配の秩序が成立し、かかる関係が特殊な国際的緊張関係」を作り上げたとする（前掲書）。また、「東夷の小帝国」として国際社会に認められたいという欲求をもち続けたという。

『続日本紀《しよくにほんぎ》』文武《もんむ》三年（六九九）七月十九日条に、次の記事がある。

「種子島、屋久島、奄美大島、徳之島らの人びとが方物《ほうぶつ》を貢いできた。位を授けて物を下賜した。徳之島が中国に通じたのは、ここから始まった」

ここにある「中国」が、日本を指している。

『続日本紀』霊亀《れいき》元年（七一五）九月二日の詔《みことのり》に「華夏」、延暦《えんりやく》九年（七九〇）五月五日に「華土《かど》」の言葉が見える。これらは本来なら中国を指すが、ここでも日本のことを呼んでいる。

やはり『続日本紀』養老《ようろう》六年（七二二）閏《うるう》四月二十五日の「太政官奏《だいじようかんそう》」にも、辺境の民（蝦夷）が反乱を起こしている記事があり、その辺境に対して「中国（日本を意味している）」という言葉が使われている。これも、小中華の表れだ。

ただしこれは内向きな使われ方で、対外的には、主に朝鮮半島に対して意識されていた。

律令が制定される以前、すでに朝鮮半島を蕃国視している様子は、『日本書紀』に記されている。「蕃国」「西蕃」「諸蕃」「蕃屛《ばんぺい》」「蕃女」「蕃神」「諸蕃」と、見下す記事がいくつも見出せる。

また、「投下《とうか》」という記事がある。欽明元年（五四〇）二月、百済人が投下（来朝）して、倭国（奈良県）の添上郡《そえかみぐん》に住まわせたという記事、八月、高麗（高句麗）・百済・新羅・任那が遣いを遣わし、貢物を献納したという記事に続いて、「秦人・漢人ら、諸蕃の投下した者を集めて、各地に住まわせ、戸籍に登録した。秦人の戸数は全部で七千五十三戸」とある。

この「投下」も、「小中華思想」である。

小中華思想は特殊事情？

日本の小中華思想は、中国文明の中華思想とまったく同じかというと、大きな差があると思う。もっともわかりやすいのは、『日本書紀』持統三年（六八九）五月二十二日条の記事だ。天武天皇崩御（天皇の死）のあと、新羅が弔使を送り込んできたのだが、使者の身分が低いとケチをつけ、上から目線で新羅の態度を叱責している。

ただし、この勅《みことのり》の背後に、日本と新羅の複雑な外交戦と、日本の対外的な小中華思想の本質が隠されている。その意味を、説明しておこう。

まず、朱鳥《しゅちょう》元年（六八六）十月に天武天皇は崩御しているが、鸕野讃良皇女《うののさららのひめみこ》（のちの持統天皇。天武天皇の皇后だった）は天武天皇の喪を新羅に知らせていない。持統元年（六八七）九月に、新羅王子・金霜林《きんそうりん》が九州に至り、調を奉った。この時、筑紫大宰《つくしのおおみこともち》が、天武天皇が崩御したことを教えた。金霜林はあわてて喪服に着替え、東に向かって三度拝み、三度哀《みね》の礼を奉った。翌年の春正月、日本側は天武天皇が崩御したことを告げた（「奉宣ふ」。この時、正式に伝えたわけだ）。すると金霜林は、三度哀の礼を奉った。

つまり、正式な知らせが入る前に来日した新羅王子が、九州で非公式に天武崩御の情報を得てしまったことになる。しかも、天武崩御から約一年経っているのだから、不自然だ。おそらく、日本側はわざと知らせを出さず、かたや新羅側は天武天皇崩御の情報を本国で風の便りに得ていて、その情報の真贋《しんがん》を確かめに、王子をよこしたのだろう。ここに、新羅との複雑な関係が隠されている。

天武天皇は親新羅派だったが、第3章で説明したように、天武天皇の兄の天智天皇は親百済派で、兄弟間で大きな亀裂を生んでいた。天智天皇の時代に白村江の戦いが起きて、天智天皇は百済救援を敢行するも、唐と新羅の連合軍の前に、大敗北を喫した。天智天皇崩御ののち、天武は天智天皇の子の大友皇子《おおとものみこ》を倒して即位し、新羅との関係を修復した。

ところが、天武天皇崩御ののち天智天皇の娘の鸕野讃良が主導権を握り、反新羅に舵を大きく切った。親新羅派の天武天皇の崩御を新羅に伝えなかったのは、親百済派・鸕野讃良の意地悪だ。百済は新羅を心の底から恨んでいたのだ。

この時代、朝鮮半島では高句麗も滅び、新羅は独立運動を起こし、唐を追い出している。つまり、日本にとって朝鮮半島に味方はいなかったし、かつての仇敵が支配する地になってしまったのだ。のちに編纂される『日本書紀』も、親百済派の歴史書になっている。

つまり、日本の朝廷が朝鮮半島の人びとを蛮族とみなすようになった最大の要因は、白村江の戦いだったわけである。さらに付け加えるなら、このあと古代日本を牛耳っていく藤原氏は、もともと百済出身と、筆者は考える。藤原氏の思惑どおりに完成した『日本書紀』は、「朝鮮半島（百済の敵の新羅そのもの）は日本や百済よりも下」と明確に示し、これが政権の外交を決定づけていったのだった。小中華思想の原点は、ここにあったのである。

親百済政権（藤原政権でもある）は、国内にも蔑視すべき敵を作っていく。持統天皇は藤原不比等を大抜擢《だいばってき》し、藤原氏は権力を独占していくが、その過程で、ヤマト建国時から続いてきた名門豪族を次々となぎ倒した。敗れた名門豪族たちは東国とつながっていたから、藤原氏は東国の軍事力を削ぐために、東北の住民を「蝦夷（東夷の野蛮人）」と決めつけ、東国の軍団をさし向けた。夷をもって夷を制す策に出たのである。

これが蝦夷征討戦で、真の狙いは旧豪族と東国の弱体化だった。また、九州の隼人は本来、天皇家とは近しい関係にあったが、天皇家を自家の傀儡《かいらい》にしたい藤原氏が、邪魔にしたのだった。ちょうどいい按配《あんばい》に、隼人は遠い南部九州の出身だから、東の蝦夷に対し、西の野蛮人（西戎）に位置づけたのだろう。

日本列島人は文明を拒んでいた？

海に囲まれ、背後に敵がいないという地政学的な優位性があったから、日本は朝鮮半島諸国から頼りにされた。朝鮮半島の人びとが恐れ続けていたのは高句麗（騎馬民族）と中国王朝（農耕・牧畜民族）であり、それに対処するために、日本の力が必要だったわけで、朝鮮半島南部から、軍事力の見返りとして多くの「質（人質）」が派遣された。彼らは専門知識や先進知識を備えた人びと（五経博士《ごきょうはかせ》や才伎《てひと》）だった。

また一方で、八世紀以降の新羅と日本は「とても親密とはいえない関係」になっていったわけで（遣唐使船が航海に安全な新羅沿岸部を通らなくなってしまったことは、すでに触れてある）、「小中華思想」は空回りしていくわけだ。

その一方で、太古から日本列島人は、根本的なところで「中華」や「中国文明」を遠ざけていた気配がある。

不思議なのは、日本の中国文明に対する接し方だ。日本列島人は、中国文明を仰ぎ見つつも、すべてをそっくり受け入れようとはしなかった。隋や唐で整った律令制度を、七世紀の政権はよく学び、死に物狂いで整備していったが、それでも「皇帝の絶大な権力」を、日本の天皇には当てはめなかった。ヤマト建国時から続けられてきた豪族（貴族）による合議制を守ったのだ。

それが太政官システムで、ここで決まった案件を天皇が追認し、文書にすることで、行政が動いた。同じ律令制度だが、ここに、大きな差がある。日本は中国の猿まねをすることはなかった。遣唐使船は多くの文物を日本に持ち帰ったが、日本人が必要と思うものだけを、取捨選択している。

縄文時代、列島人は稲作や農耕の存在をすでに知っていて、それでも積極的に取り入れようとしなかった可能性が高い。縄文人は狩猟採集を生業にしていた。必要以上の獲物を捕らず、縄張りを守り、暮らしていたのだ。農耕を始めれば、人びとが争いはじめることを、縄文人は海人たちから聞いて、知っていたのではなかったか。

第1章でも触れたように、神話にスサノヲが最初、新羅に舞い下りたとある。ところがスサノヲはここに住みたくないと言い、「朝鮮半島には金属の宝があるが、日本には浮宝がなければいけない」と述べている。「浮宝」は、船の材料となる樹木のことで、息子の五十《い》猛《たけるの》神《かみ》とともに、植林をしている。「文明が興り森を失えば、どうなるか」を、スサノヲは朝鮮半島で見聞きしてきたのではなかったか。

神話だからといって笑殺できない。弥生時代後期からヤマト建国に至る歴史を反映していると思う。中国は大混乱の時代で、後漢から『三国志』の時代に突入しようとしていた。魏・呉・蜀の覇権争いは、物語としては面白いが、状況は悲惨だった。天候不順と飢餓と戦乱で、人口が最盛期の十分の一に激減した。実態は、戸籍上の人口激減だが、それでも多くの人が亡くなり、逃亡し、流民が大量発生していたのだ。まさに、地獄絵巻だっただろう。

この「文明」の惨憺《さんたん》たる姿を見聞きしたスサノヲは、「日本は文明を否定するべきではないか」と考えたのではなかったか。冶金と農耕が文明を生み、文明は森を消費する。遊牧民は豊穣《ほうじょう》の大地を追われた人たちで、栄える文明の富と土地を、虎視《こし》眈々《たんたん》と狙い続けた。少数の騎馬だけでも、森を失った文明を略奪することができたのだ。

森を失えば、天候は荒れ、食料生産は滞り、異民族が流れ込み、混乱が巻き起こり、いずれ文明は衰退する。縄文的で多神教的なスサノヲの感性は、その情景をおぞましく感じたのだろう。

稲作文化が関東に広まるまで数百年の年月を要したのも、「農耕とともに戦争がやってくる」ことを、列島人はよく知っていたからではないか。そして、経験知がなければ容易に渡ることのできない海が、彼我の間に横たわっていたからこそ、列島人は悠長に、文明を拒むことができたのではなかったか。

文明とは何かを知っていた列島人

近年、考古学者の一部から、不思議な仮説が提出されている。弥生時代が終わるヤマト建国の直前、畿内南部（ヤマト周辺）の人びとは、「力と富を持たないことを、甘んじて受け入れていたのではないか」というのである。

設楽博己は、その根拠を掲げている（『考古学による日本歴史９』雄山閣出版）。

（1）弥生時代は金属器の時代だが、一方で旧石器時代から続く石器を道具に使っていた。弥生時代のヤマト周辺に成立していた石器流通の「ゆるやかなネットワーク」が力を発揮していたのではないか

（2）青銅器も入手可能だったが、あえて石製短剣（二上山《にじょうさん》サヌカイト）を使用した……権力者がもつ特別な金属器を排除

この時代の最先端地域であった北部九州は、資源を集積し、再分配することによって権威を高め、階級社会を構築していたが、畿内の諸集団がとっていたのは独占的な流通ではなく、互恵的関係だったというのだ。「縄文時代の社会システムを維持していた」というのである。

寺前直人も、近畿南部は、強い王を生まないために銅鐸や石製短剣を守り、それまでの社会秩序を維持することに成功していて、文明に抗《あらが》っていたと指摘した。弥生時代後期には、権力集約型の社会統合は、近畿南部を避けるように東に拡大し、ヤマト周辺は富や鉄器の過疎地帯になりはてていたという。権力や文明は、排除されていた可能性が出てきたのである。

寺前直人は、弥生時代後期の北部九州や日本海沿岸部で、稀少な金属製武器を権力者（首

長・王）が独占したが、ヤマト周辺では、石製武器を大量に生産し、一般成員に広く普及させ、強い王の発生を嫌ったこと、ヤマト周辺の銅鐸や石製短剣を「文明に抗う社会装置」と指摘し、北部九州など西方世界に対抗し、それまで継承されてきた社会秩序を維持することに成功したというのである。丹波から近江、東海地方が、富を蓄えていく中で、ヤマトが、権力の空白地帯だったと指摘した。その上で、「一時的とはいえ近畿地方南部を中心とした列島中央部の人びとは、大陸・半島からもたらされた魅力的な文明的価値体系に抗することに成功した」と、結論づけている（『文明に抗した弥生の人びと』吉川弘文館）。

日本列島の海人たちは、朝鮮半島との間を頻繁に往き来していた。「魏志倭人伝」は、農地のない対馬の人びとが南北に市糴（交易）して生活していたと記録していた。だから、半島や大陸の情報は、つねに手に入れ、見聞きしていただろうし、もともと渡来人とは、戦乱や飢餓から逃れて来た人びとなのだから、彼らは列島人に、「さんざんな目に遭ってきた」と、教えただろう。「文明など、ろくなものではない」と、列島人に話して聞かせただろう。それ以上に、縄文の文化、多神教世界の住民は、一神教的な物質文明に恐怖し、抵抗したにちがいないのである。

文明に対する懐疑の念

文明に対する懐疑の念を、縄文人や日本列島人は抱き続けてきたのではなかったか。

これまでの弥生時代以降の研究は、水田、金属器、権力生成の三要素を中心に議論が進められ、この要素がそろう遅速《ちそく》を基準に先進地帯と後進地帯を区別してきたと、寺前直人はいう。この発想が、近代日本の「中央、文明志向」の中で生み出されたと指摘した。その上で、「農耕をふくめて、縄文時代の人びとは生活をよりよくするための道具をつくりだしたり、技術を手に入れたりすることにはあまり熱心ではなかったようだ」（前掲書）といい、縄文時代後期になると、土偶や石棒《せきぼう》類が東日本から西日本に広がり、実生活にはかかわりのない環状《かんじょう》列石《れっせき》などの巨大構造物（モニュメント）が東日本に造られていったと指摘している。精神文化が発展していったのだ。

そして弥生時代になると、朝鮮半島からもたらされた中国大陸に起源をもつ新しい技術や思想が、西日本で融合していくと指摘する。また、北部九州沿岸部では、水田稲作が導入されたあと、武器が発達していき、中国文明の影響を受けて階層化した統合体制が成立していった。一方で近畿地方では、縄文時代後期、晩期に発達した、東日本発祥の祖霊信仰を軸とした石棒などを用いた儀礼による「平等な協業体制」が確立していったと指摘している。そして、弥生時代の日本列島で、「西からやってくる文明」と「東の野生」が交差していたと結論づけたのである。

縄文人が文明を拒んだと聞けば、まさか、と思われるかもしれない。しかし、日本が楽園のような島国だったこと、海人たちが方々の情報をかき集め、大陸や半島で何が起きているのか、多くの情報を得ていたとすれば、可能性は高いと思わざるを得ない。

文明が発達すれば、森は消えると前に述べたが、たとえばジョン・パーリンは、大文明は、「もし膨大な数の森の木が伐採されなければ、けっして誕生しえなかった」といっている（『森と文明』晶文社）。木はテクノロジーの革新をもたらすために必要だったのだ。しかし皮肉なことに、文明が生まれるために必要な樹木は、文明の発生とともに消滅する。そして、文明は衰弱する。

はたして、文明は人びとを幸せにするのだろうか。この根源的な問いかけを、縄文人たちはくり返していたのではなかったか。だからこそスサノヲは、日本列島には樹木がなければならないと訴え、植樹していったにちがいないのだ。

森を失えば、生活の場がなくなる。人びとが争う。なぜそれが、人間の進歩なのか。縄文人は、すでに海人から多くの情報を聞きつけ、気づいていたのではなかったか。

縄文人たちが戸惑った瞬間

縄文人は稲作文化を採用するかどうか、迷いに迷ったのだと思う。本格的に農耕を始めれば、富が蓄えられ豊かになる。しかし、余剰が生まれ人口が増えると、成長を続けなければならなくなる。金属器を使い農耕を始めれば、周辺地域と水利や農地を争い、戦争になる。強い王が現れ、敵から守る集落が生まれる。これが都市に成長し、いよいよ「文明的な生活」を送ることになる。しかしその結果、どれだけ悲惨な状況が生まれるのか、列島人たちは、知っていただろう。だから、長い間、逡巡《しゅんじゅん》していたのだと思う。

しかし、紀元前十世紀後半、北部九州の沿岸部で、水田稲作は始まった。列島人たちは、禁断の果実を口にしてしまったのだ。弥生時代の始まりに、東北地方の人間が北部九州にやってきたことは、考古学的に明らかになっている。「稲作を始めた人たちが、どうなってしまうのか」を、怖い物見たさで観察しに来たのかもしれない。

大陸や半島からやってくる新しい文化と文明を、列島人は妄信的に受け入れていたわけではなかった。むしろ、懐疑的に見て、必要なものだけを受け入れていたのだろう。

ひるがえって、今日の日本を見渡すと、かつてない危機に見舞われていることに気づかされる。中国文明のよいところだけを借用するなどという悠長なことはいっていられなくなった。拒否するか、あるいは飲み込まれてしまうか、復活して過去の忿怒《ふんぬ》を一気に晴らそうとする恐ろしい文明が、目の前にある。本性をむき出しにして、しかも共産主義という理念と正義（独善だが）を掲げて、彼らは周囲をにらんでいる。ユーラシア大陸と海洋国家群の対立の構造さえ見えてきた。われわれの御先祖様たちが縄文時代の終わりに経験した苦悩を、再び味わうことになるのだろうか。

このの ち、日本はアジアの中で、どのように振る舞っていけばよいのだろう。

横山宏章は『中華思想と現代中国』の中で、中国が人権などの普遍的価値よりも、アジア的で中国的な価値観（中華思想）に重きを置いている点を批判している。また、日本も「脱亜入欧」を称えながら、実際には入欧したわけではなく、国家主義的な方向が、西欧的価値観から離脱していること、「一国価値論」が、日本を「アジアの国家」から「日本の国家」という狭い考えに回帰させていると説き、夜郎自大《やろうじだい》に陥っていては、東アジアの安定は望めないと指摘する。その上で、多元的価値観の尊重こそ、日中の衝突を回避する道だと説く。

しかし、この論は、本質からかけ離れていると思う。西欧的価値観のすべてが正しいわけでもなく、中国の現状に妥協する必要もない。「一国価値観」は、むしろ必然ではないかと思えてくる。

生意気をいって申し訳ないが、横山宏章は大きなところを見逃している。本質的なことを一言でいうなら、世界の強国のほぼすべてが、一神教的な発想で理論武装してそれぞれの利益を追い求めている中、唯一日本だけが、多神教的な発想を抱き、性善説に則《のっと》って行動し、あいまいに問題を処理しているということなのだ。だが、こんな危険な話はない。

そして、日本をめぐる諸問題の本質は、ここにある。

拙著『縄文文明と中国文明』（PHP新書）の中で語ったように、一神教的発想こそ、恐ろしい考えなのだ。科学や哲学のみならず、中国の「共産主義」も、一神教のなれの果てだった。神に代わって人間の理性がこの世を支配することができるという発想なのだ。

多神教徒の日本人は、世界で孤立している。極論すれば、最後に残った「奇蹟の多神教徒」なのである。それを可能にしてきたのが、日本列島を囲む大海原であり、ガラパゴス諸島のイグアナのように、天敵のいない島で、独自の進化を遂げた。ただし世間知らずで、「世界はわれわれと同じことを考えているにちがいない」と夢想しているオメデタイ（幸せな）人びとなのだ。けれども、それが悪いことであるというつもりはない。むしろ多神教的発想の大切さを、世界に向けて伝えていくことが、日本人に与えられた使命だとさえ思うのだ。

梅棹忠夫の文明論

日本人は、この先どこに向かって歩いて行けばよいのだろう。進歩や文明に対する抵抗は、どこまで可能なのだろう。文明がこのまま便利な生活を追求していては、人類は滅亡するだろう。それを回避する方法は、あるのだろうか。日本一国だけが、文明に逆らえば、攻め滅ぼされてしまうというジレンマもある……。

ここで改めて、梅棹忠夫の発想に注目しておきたい。かつて史学界を席巻したマルクス史観（唯物史観）や、これまでの一般の歴史観を、根底からひっくり返している。そして、新たな日本をめぐる文明論を展開したのだ。少し遠回りをしながら、説明していこう。まずは、マルクス史観の話から。

近代日本は西洋の世界観を受け入れたが、戦後になるとマルクス史観が広まった。弱肉強食の社会進化論が唱えられ、人類の歴史は「野蛮→半文明→文明」と発展していくと信じられるようになった。人類は原始共同体の時代のあと、しだいに自由を喪失していったと説く。私有に基づく階級社会が原因だという。そして、階級社会をなくすこと（社会主義の完成）によって、人類を救済できると考えた。だから、時代区分は次のように進んでいく。①原始共同体、②奴隷制、③封建制、④資本主義、⑤社会主義で、人類は進歩する動物だから、原始の無階級社会から階級社会を経て、未来の無階級社会に向かっていくと考えたのだ。

ちなみに上山春平は、この「救済史観」はキリスト教の考えに似ていると指摘した。キリスト教の場合、「楽園の段階→地上の生活→天国の生活」となり、三つの段階で真ん中にマイナスの時代が位置している（『上山春平著作集　第十巻　日本文明史序説』法藏館）。

マルクス主義は唯物論で、宗教（唯心的）を嫌うのに、その思想はキリスト教とよく似ていると上山春平はいうのだ。それもそのはず、マルクスが展開した歴史観は、世界全般を見渡した普遍的なものではなく、『資本論』が扱っている封建社会、ブルジョア社会への移行は、西ヨーロッパの歴史を解いているにすぎないのである。

その上で上山春平は、唯物史観を東洋や日本に当てはめても、もともと誤った歴史観しか得られなかったことを指摘し、改めて人類史を三つの段階に区分してみせた。①自然社会（農業革命以前。国家はなく、血縁的、擬制血縁的共同体の発展。家族と血縁的共同体の二重構造）、②農

梅棹忠夫の示した第一・第二地域

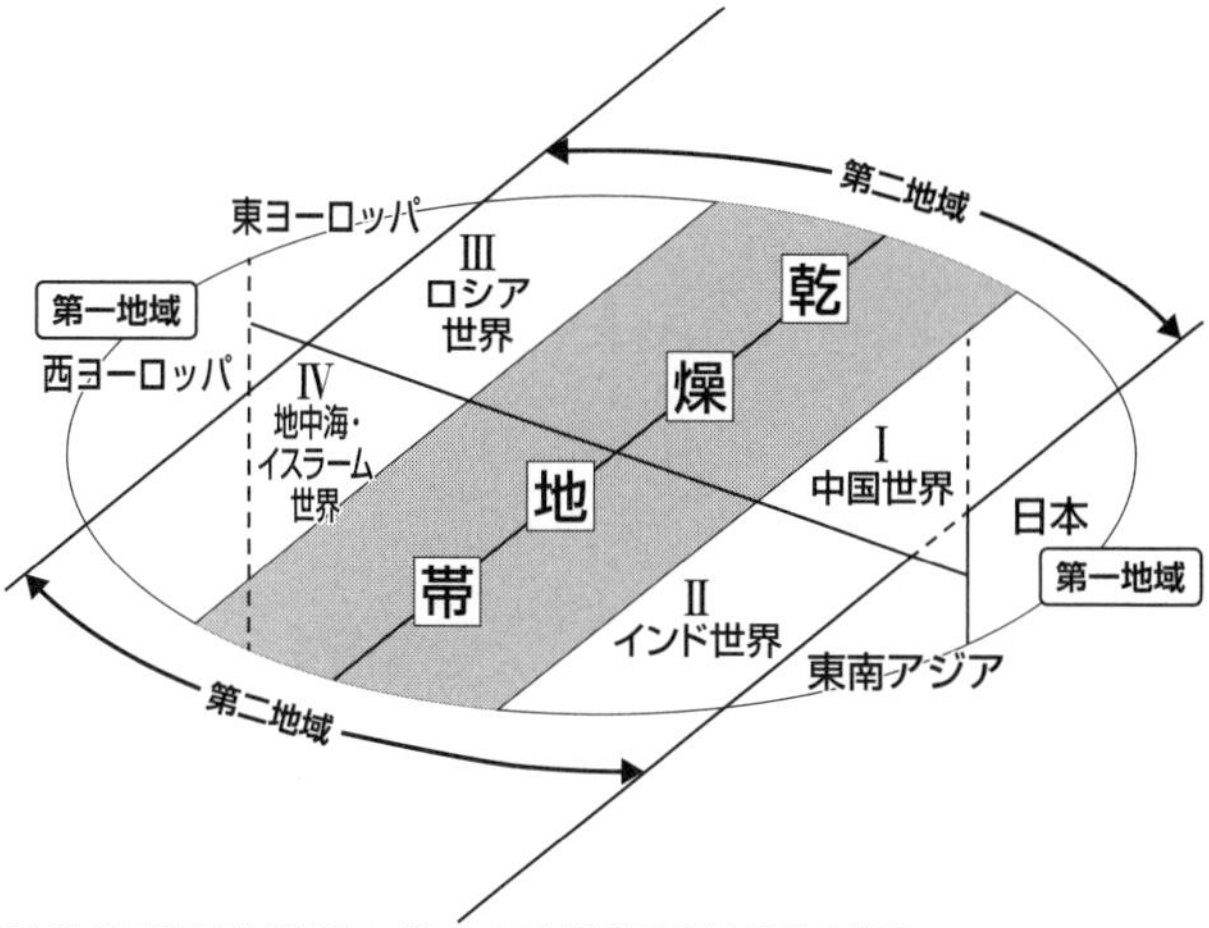

『文明の生態史観』梅棹忠夫（中公文庫）掲載の図（P.213）を参照

業社会（農業革命以降、産業革命以前。血縁的共同体が家族と地域共同体と国家の三重構造に）、③工業社会（産業革命以降。社会組織は、家族と職業共同体と国家と国際機構の四重構造に）。マルクスのヨーロッパ色の強い時代区分と比べて、普遍的尺度になっていると主張している（前掲書）。欧米で産業革命が起きて「近代社会システム」が完成し、日本も明治時代にこれに続いた。アジア諸国は、さらに遅れたというのである。

しかし梅棹忠夫は、さらに新しい発想と視点で、世界史を見直すべきだと主張した。それまで提出されてきた数々の歴史観を根底から見直したのである（『文明の生態史観』中公文庫）。

梅棹忠夫は、「東と西」や「アジアvs.ヨーロッパ」という世界の区分けを取っ払い、環境によって人間の歴史は作られると推理し、世界を第一地域と第二地域に分けた。戦後史学界を覆った唯物史観と対立する発想だ（唯物史観は、人間が階級闘争を通じて社会を変えると考える）。

ユーラシア大陸の中央に大乾燥地帯が横たわり、遊牧民が暮らす。その両側に、農業民の暮らす湿潤な地域があって、その攻防が世界史を作ってきたという。その上で、アジア、ヨーロッパ、北アフリカまでを含む地域（旧世界）を横長の長円にたとえ、東西のはじっこに接している第一地域と、その他の大部分の第二地域（要は、ユーラシア大陸の内陸部）とした。二つの地域は生活様式や社会の構造も異なっていた。第一地域は、ヨーロッパと日本で、近代化、西欧化に成功した地域だ。二つの離れた場所にあるが、並行進化して近代化を果たしたといっている。

第二地域は、古代文明が興り、巨大帝国があった場所だが、文明の完成と没落をくり返した地域だった。他地域（乾燥地帯）から異民族が流れ込み、文明は衰退していた。第二地域は破壊と征服の連続だったという。これに対し第一地域は、辺境だったからこそ、ゆるやかに成長し、封建制が続き、ブルジョアが成長し、資本主義が誕生していたというのである。

この発想は、ダーウィンの進化論（生存競争論）に対する反論として、梅棹忠夫の恩師・

今西錦司が提出した「棲《す》み分け論」をベースにしている。ダーウィンの発想は唯物史観と親縁性があって、突然変異と自然淘汰《とうた》によって生物個体が変異すると考えた。

これに対し今西錦司は、種社会の棲み分けを重視し、生物社会学を提唱した。唯物史観のように進歩を一本道と考えるのではなく、人間社会も、地域によって別々の生活様式を発展させると指摘したのだった（『今西錦司全集　第四巻　増補版　生物社会の論理』講談社）。この棲み分け論に、梅棹忠夫は生態史観に空間軸を組み合わせ、新たな世界観の構築を目指したのだった。

ユーラシア大陸の辺境で起きていたこと

梅棹忠夫のいうとおり、近代に至り第一地域が第二地域を圧倒したが、現状は、しだいに第二地域が発展してきて、勢い盛んだ。梅棹忠夫の理論は、日本が高度成長期に入った段階で組み立てられたわけで、日本とヨーロッパが、輝きを放っている時代だった。ところが今、第一地域の日本もヨーロッパも、精彩を欠いている。日の出の勢いにあるのは、中華人民共和国であり、しだいに顕在化してきているのは、第一地域がユーラシア大陸の辺境であること以上に、海洋国家だったことである。つまり近年、ユーラシア大陸と周囲をとりまく海洋国家との対立の図式が、鮮明になってきている。大陸国家と海洋国家の関係悪化が、今もっとも注目を集めている。

その点、梅棹忠夫の論に「海」の要素を加え、「近代はアジアの海から誕生した」という川勝平太の推論にも触れておかなければならない。

川勝平太は梅棹忠夫の「ユーラシア大陸と辺境」という視点から、ユーラシア大陸と海洋という新たな論を展開した。まず、梅棹忠夫のいう第一地域の勃興は、海洋アジアからの衝撃に反応して、日本とヨーロッパに新しい文明が出現したというのである（『文明の海洋史観』中公叢書）。

社会変容の要因を、唯物史観は生産力といい、梅棹忠夫の生態史観は暴力とみなすのに対し、海洋史観は、海の外から押し寄せる外圧と見る。具体的にどのようなことなのか、説明しておこう。

近世成立期にヨーロッパは大航海時代を迎え、ヨーロッパはイスラム世界から東地中海を奪い（レパントの海戦［一五七二］）、地中海の制海権を手にした。さらに、大西洋、インド洋、東南アジアに進出して行く。ヨーロッパは近世に至り、海を支配し、海洋国家になることによって、大きく成長した。日本人も同じころアジアの海に進出し、ヨーロッパ諸国と東南アジアで出逢っている。そして、ヨーロッパと日本は、どちらも金・銀・銅（貨幣素材）を輸出し、アジアの文物を購入した。当然、貨幣素材の流出が深刻化した。

この問題に立ち向かうために、ヨーロッパは産業革命を、日本は「資本節約・労働集約型の生産革命」を起こし、アジア文明圏から自立し、新しい文明を築いたと指摘した。どちらも後進国であったが、近世以降に発展し、近代を迎えたとする。なぜ日本とヨーロッパが同時期に発展したかというと、ともに辺境にあって、「文物を海洋アジアという文明空間から受容したから」だという（前掲書）。「辺境」だけではなく「海洋」もキーワードになっていたことがわかる。

海洋に守られた多神教徒の最後のお勤め

川勝平太は西洋近代文明の物質的基盤であった富国強兵が、近年、情報社会の到来で揺らぎ、軍縮が歴史の趨勢《すうせい》になっているといい、歴史を「東対西」というパラダイムで見る時代は終わったと指摘する。さらに経済的競合に加えて、文化的競合へ発展し、脱マルクス主義、脱アメリカニズムと続き、太平洋文明が成長するだろうと指摘した（前掲書）。

しかし、この予想も、すでに崩れている。再び太平洋で、覇権争いが勃発しているからだ。日本と西洋の近代がアジアの海洋から発展したという話まではよかったが、要は、アジアの「おいしいところ」の奪い合いが、泥仕合になってきたということ、歴史上はじめて「海洋の重要性」に目覚めた漢民族が、ユーラシア大陸の東の平原で満たしてきた「貪欲《どんよく》な支配欲」と「優越感」を、そのまま海の外に当てはめようとしている。

東アジア情勢はパワーバランスをめぐって揺れ動いている。アジアの雄・中国と、欧米＋日本が、しのぎを削る時代が到来したのだ。ユーラシア大陸の東の端の中国とユーラシア大陸の辺境の海洋国家が、対立している。力の論理が、再び世界を支配しようとしている。ユーラシア大陸vs.海洋国家の激突と言い換えることも可能になってきた。世界は、再び混沌と混乱に引き戻されるのだろうか。

今西錦司は、動物は競争原理ではなく、平和的な共存の原理で進化し、棲み分けを果たしてきたと主張した（前掲書）。これは進化論を否定する功績と思えるが、この動物をめぐる新たな進化論が、人間以外の動物には当てはまっても、人間だけは例外であるところに、人類の「最大の問題」が隠されていると思う。

少なくとも、人類は自然を改造する。動物と平和的に棲み分けているわけではなく、むしろ人類は生態系を破壊している。ここに、動物とはかけ離れた場所に立ってしまった人間の過ちと苦悩が隠されている。文明や人間の真の幸せを考える上でも、この問題を避けて通ることはできない。

人類は、けっして平和的な共存の原理で行動してこなかった。日本人のように、国際社会で性善説を信じていれば、隣国にあっという間に国土を奪われるだろう。生き馬の目を抜く苛酷な環境に、人類は立っているし、人類とは残酷な生き物なのだ。

すでに岸田秀は、なぜ人間は暴走するのか、その理由を喝破している。人類は本能を壊してしまった動物だから、地球の秩序を乱しているというのだ（『ものぐさ精神分析』中公文庫）。循環する生命の絆を破壊しているのは人間なのだ。この自戒がない限り、どのような思想をもってしても、人間を救うことはできないと思う。

ただし、島国の日本人がガラパゴス諸島のイグアナのように、天敵のいない場所で生き抜く、最後の多神教徒であり続けたところに、せめてもの救いが残されていると思う。海洋は「発展と近代化のためのツール」とみなされてきたが、古くは（内燃機関が発明されるよりも前）、日本列島人が多神教徒であることを許すための神の恵みだったと思う。とすれば、先進国の中で唯一日本人が多神教徒だったことを、誇りに思いたいのである。

日本人が、日本人的発想を、自信をもって、世界に発信していく必要が出てきた。たくましい海人の末裔の若人《わこうど》に、多神教徒である自覚を抱いて、ひるむことなく、世界に飛び出して行ってほしいのだ。

おわりに

人生を変えた本は、いくつもあるが、その中の一冊が、フリッツ・パッペンハイムの『近代人の疎外』（一九六〇年　粟田賢三訳　岩波新書）だ。十代で読んで、衝撃を受けた。

冒頭、ゴヤの絵画「カプリーチョス」（諷刺《ふうし》銅版画の連作）の中の「歯を求めて」が提示されている。絞首刑になった男の歯には魔力があると信じた女性が、歯をとろうとしている場面が描かれている。女性は布で顔を覆い、死体を見ないように顔を背けている。

この絵を掲げた上でパッペンハイムは「女の気持ちは恐怖と貴重な歯を手に入れようとする決意との間に引き裂かれている」といい、これを「病的な状態」で「恐ろしい矛盾にとらえられている」と指摘する。そして、これこそ、「人間の疎外」だという。「疎外の力がわれわれの時代を支配している」とまでいう。近代人を苦しめている問題だというのである。

パッペンハイムはアメリカの社会学者なのだが、「疎外」の問題解決を社会主義に求めている点に、時代の差を感じざるを得ない。ただしゴヤの絵画が強烈で、「人間の疎外」の本質を、直感的に理解できるよう示してくれている。

人間の疎外は、近代人だけの問題ではない。縄文人も、悩んだのだと思う。「稲作を選択して豊かになったとしても、戦争が勃発するのではないか」「金属器を手に入れれば便利になるが、森が消える」ことを、知っていたのだろう。稲作と文明は禁断の果実であり、これを受け入れたら、後戻りはできないと、縄文人はわかっていたのだと思う。ただ、誰かが稲作を始めて富み栄えれば、その集団に圧倒され、飲み込まれてしまう……。どちらを選択しても、地獄が待っている……。このジレンマ……。そして、縄文人には、遠い未来への、暗い予感があったと思う。人間が文明を受け入れれば、やがて自滅するのだと。それでも、文明を選択しなければ、文明を選択した者たちに滅ぼされてしまう……。

悲しい歴史である。だから、縄文人たちは二の足を踏み、なかなか稲作を受け入れようとしなかったのだろう。彼らの暗い予感は、二十一世紀に至り、われわれの問題として、ようやく認知されてきたのだと思う。

稲作が北部九州沿岸部に広まったころ、東北の人びとが北部九州にやってきたことは、考古学的にはっきりしていて、彼らは、「何が起きるのか」「どうなってしまうのか」「戦争は始まるのか」と、恐る恐る、様子を見守ったのだろう。そして徐々に、列島に稲作は広まり、案の定、戦乱の時代は到来したのだ。しかし、弥生時代の終わりに、文明に抗う人びとの手で、ヤマトは建国されたのである。かつて信じられていたような、強い王がヤマトを征服し

福岡県福津市北部の丘陵地帯（ユネスコ世界文化遺産の新原・奴山古墳群がある）から、大島、玄界灘を望む。海、山、田畑それぞれの恵みによって、古来日本人は生かされてきた ©時事通信フォト

た痕跡はまったくない。弱い者たちがヤマトに集まってきたことによって、ヤマトは生まれたのだ。これは、奇跡的なことだった。巨大な前方後円墳を王家だけではなく、各地の豪族たちも造営できたのは、縄文から続く強い権力に対する拒否でもあっただろう。しかもその意識は、近世になっても継承された。江戸時代は、地方分権の時代でもあった。

日本は極東の島国だったから、「文明の荒波」をかぶることはなかった。しかも、肥沃で温暖な気候に恵まれ、日本独自の文化を発展させ、豊かな暮らしを享受してきた。だから、一神教のような発想は芽生えなかった。一神教は砂漠で生まれたが、豊穣の大地を追われ、砂漠で細々と暮らしていた人びとが、復讐の正当性を「一人の男神の正義」に託したのだった。日本列島人も「大陸から追われて来た人びと」に変わりはなかったが、幸いにも、そこは砂漠ではなかった。大陸よりも住みやすい、恵まれた土地であった。だから、復讐のための宗教は必要なかったのだ。列島人は、多神教的で性善説的な信仰を保ち続けてきた。この僥倖《ぎょうこう》は、感謝してもしきれない。

縄文人たちは、なるべくゆっくり先に進もうとしていたように見える。それは、海に囲まれ、文明の波が直接押し寄せなかったこと、こちらから海を渡って、文明の様子を観察し、必要なものだけを持ち帰ることができたという日本列島の優位性が作用したからだろう。大陸の人びとが次々と樹木を切り倒していくさまに違和感を覚えただろうし、水利や食料の争奪戦を見て、「これは狂気だ」と、感じとっていたのだろう。だから、縄文人は積極的に文明を取り込もうとはしなかったし、それが奇跡的にも、ヤマト建国につながっていったのだ。

日本列島人は、直線的に発展してきたのではなく、一歩進んでは半歩後ずさりして、揺り戻しをくり返してきた。文明への憧れを必死に押さえつけてきたのだ。

ならば、われわれは、これからどちらに向かっていけばよいのだろう。進歩し、富を蓄えなければ、強者に飲み込まれ、滅亡してしまうという、恐ろしい世界に住んでいる。「後戻りしよう」と言い出せば、「書生の机上論」と、失笑されるのがオチだ。

さて、どうしたものか。縄文人の苦悩を、われわれも経験している。今回は、世界の終わりを意識しながら、悶絶するしかないのだろうか。大変な時代がやってきたものだ。本書では私なりの答えを示したつもりだ。共感してくれる人がいたら、嬉しい。

なお、今回の執筆にあたり、PHP研究所の第一事業制作局の永田貴之氏、堀井紀公子氏、歴史作家の梅澤恵美子氏に御尽力いただきました。改めてお礼申し上げます。

合掌

二〇二一年三月

関　裕二

参考文献

『古事記祝詞』日本古典文学大系（岩波書店）
『日本書紀』日本古典文学大系（岩波書店）
『風土記』日本古典文学大系（岩波書店）
『萬葉集』日本古典文学大系（岩波書店）
『続日本紀』新日本古典文学大系（岩波書店）
『魏志倭人伝・後漢書倭伝・宋書倭国伝・隋書倭国伝』石原道博編訳（岩波文庫）
『旧唐書倭国日本伝・宋史日本伝・元史日本伝』石原道博編訳（岩波文庫）
『三国史記倭人伝』佐伯有清編訳（岩波文庫）
『先代舊事本紀』大野七三訓註（新人物往来社）
『日本の神々』谷川健一編（白水社）
『神道大系　神社編』（神道大系編纂会）
『日本書紀　一　二　三』新編日本古典文学全集（小学館）
『古事記』新編日本古典文学全集（小学館）
『農業は人類の原罪である　進化論の現在』コリン・タッジ（新潮社）
『記紀神話伝承の研究』泉谷康夫（吉川弘文館）

『徐福　弥生の虹桟』羅其湘・飯野孝宥共著（東京書籍）
『中国日本交通史　中国文化史叢書』王輯五（臺灣商務印書館）
『八幡信仰史の研究』中野幡能（吉川弘文館）
『騎馬民族国家』江上波夫（中公新書）
『水野祐著作集』1、2　水野祐（早稲田大学出版部）
『帰化人』関晃（至文堂）
『倭人と韓人』上垣外憲一（講談社学術文庫）
『倭国』岡田英弘（中公新書）
『日本文化の形成』宮本常一（講談社学術文庫）
『古代朝鮮と倭族』鳥越憲三郎（中公新書）
『日本人になった祖先たち』篠田謙一（NHK出版）
『日本民衆史3　海に生きる人びと』宮本常一（未來社）
『日本人のルーツがわかる本』［逆転の日本史］編集部編（洋泉社）
『倭と倭人の世界』国分直一編（毎日新聞出版）
『邪馬台国』大林太良（中公新書）
『京都の歴史を足元からさぐる　嵯峨・嵐山・花園・松尾の巻』森浩一（学生社）
『日本の古代1　倭人の登場』森浩一編（中央公論社）

『海を渡った縄文人』橋口尚武　編著（小学館）
『海でむすばれた人々』門田誠一（昭和堂）
『シリーズ「遺跡を学ぶ」027　南九州に栄えた縄文文化　上野原遺跡』新東晃一（新泉社）
『遥かなる海上の道』小田静夫（青春出版社）
『僕の古代史発掘』森浩一（角川選書）
『古代史と日本神話』大林太良・吉田敦彦ほか（大和書房）
『建築から見た日本』上田篤＋縄文社会研究会（鹿島出版会）
『古代日本の航海術』茂在寅男（小学館ライブラリー）
『遣唐使の光芒』森公章（角川選書）
『越境の古代史』田中史生（ちくま新書）
『長江文明の探究』監修 稲盛和夫　梅原猛・安田喜憲 共著　写真 竹田武史（新思索社）
『茶の本　日本の目覚め　東洋の理想　岡倉天心コレクション』岡倉天心（ちくま学芸文庫）
『桑原隲蔵全集 第二巻　東洋文明史論叢』桑原隲蔵（岩波書店）
『中華思想と現代中国』横山宏章（集英社新書）
『日本古代国家論　第一部』石母田正（岩波書店）
『考古学による日本歴史９』編集 大塚初重・白石太一郎・西谷正・町田章（雄山閣出版）
『文明に抗した弥生の人びと』寺前直人（吉川弘文館）

参考文献

『森と文明』 ジョン・パーリン （晶文社）
『上山春平著作集　第十巻　日本文明史序説』 上山春平 （法藏館）
『文明の生態史観』 梅棹忠夫 （中公文庫）
『今西錦司全集 第四巻 増補版　生物社会の論理』 今西錦司 （講談社）
『文明の海洋史観』 川勝平太 （中公叢書）
『ものぐさ精神分析』 岸田秀 （中公文庫）
『海人たちの足跡』 永留久恵 （白水社）
『帰化人と古代国家』 平野邦雄 （吉川弘文館）
『世界の歴史6　隋唐帝国と古代朝鮮』 礪波護・武田幸男 （中央公論社）
『渡来の古代史』 上田正昭 （角川選書）

飛鳥にて

関 裕二［せき・ゆうじ］

1959年、千葉県柏市生まれ。歴史作家。武蔵野学院大学日本総合研究所スペシャルアカデミックフェロー。仏教美術に魅せられて足繁く奈良に通い、日本古代史を研究。文献史学・考古学・民俗学など、学問の枠にとらわれない広い視野から日本古代史、そして日本史全般にわたる研究・執筆活動に取り組む。近著に『「大乱の都」京都争奪　古代史謎解き紀行』（新潮文庫）、『神社が語る 関東の古代氏族』（祥伝社新書）、『「縄文」の新常識を知れば日本の謎が解ける』『縄文文明と中国文明』（以上、PHP新書）など多数。

PHP新書

PHP INTERFACE
https://www.php.co.jp/

海洋の日本古代史

PHP新書 1255

二〇二一年四月二十九日 第一版第一刷

著者――関 裕二
発行者――後藤淳一
発行所――株式会社PHP研究所
東京本部――〒135-8137 江東区豊洲5-6-52
第一制作部 ☎03-3520-9615(編集)
普及部 ☎03-3520-9630(販売)
京都本部――〒601-8411 京都市南区西九条北ノ内町11
組版――宇梶勇気
装幀者――芦澤泰偉＋児崎雅淑
印刷所
製本所――図書印刷株式会社

ISBN978-4-569-84914-0

ＰＨＰ新書刊行にあたって

「繁栄を通じて平和と幸福を」(PEACE and HAPPINESS through PROSPERITY)の願いのもと、ＰＨＰ研究所が創設されて今年で五十周年を迎えます。その歩みは、日本人が先の戦争を乗り越え、並々ならぬ努力を続けて、今日の繁栄を築き上げてきた軌跡に重なります。

しかし、平和で豊かな生活を手にした現在、多くの日本人は、自分が何のために生きているのか、どのように生きていきたいのかを、見失いつつあるように思われます。そして、その間にも、日本国内や世界のみならず地球規模での大きな変化が日々生起し、解決すべき問題となって私たちのもとに押し寄せてきます。

このような時代に人生の確かな価値を見出し、生きる喜びに満ちあふれた社会を実現するために、いま何が求められているのでしょうか。それは、先達が培ってきた知恵を紡ぎ直すこと、その上で自分たち一人一人がおかれた現実と進むべき未来について丹念に考えていくこと以外にはありません。

その営みは、単なる知識に終わらない深い思索へ、そしてよく生きるための哲学への旅でもあります。弊所が創設五十周年を迎えましたのを機に、ＰＨＰ新書を創刊し、この新たな旅を読者と共に歩んでいきたいと思っています。多くの読者の共感と支援を心よりお願いいたします。

一九九六年十月

ＰＨＰ研究所